Colección Astrolabio

Cocobalé
Danza de guerra

Relatos cimarrones del Caribe y América

Carlos Manuel Rivera Rosado

2019

Colección Astrolabio

Cocobalé Danza de Guerra

©Carlos Manuel Rivera Rosado 2019
© Palabra Pórtico Editores 2019
Edición: Marioantonio Rosa, Marta Emmanuelli
Ilustración al libro: Sara Lugardo Toledo
Diseño de Portada: Marioantonio Rosa

ISBN: 9781692031541

Primera Edición 2019

Nota del autor

Esta colección de relatos es un mosaico épico dedicado a los primeros y verdaderos gestores de la libertad en toda nuestra América y en nuestro Caribe abigarrado y múltiple. Entrego este homenaje a los cimarrones y a otros descendientes de la "Gran Huella" que lucharon contra el látigo y el carimbo. Ellos fueron ecos de resistencia contra la trata de las diversas hegemonías políticas que participaron en el inexcusable proyecto de la maquinaria esclavista.

Utilizando el (pre)texto que me ofrece la ficción histórica, he tejido estos relatos que aprehenden diversas acciones emancipadoras, tanto individuales como colectivas, de la 'Otredad' silenciada, aquella presencia que desafió a las instituciones esclavistas y opresoras con intrepidez y dignidad. Sus luchas, muchas de ellas ignotas, adquirieron la vestimenta inequívoca del movimiento emancipador que gritó un reclamo inalienable desde el dolor y la injusticia.

El hilo conductor de esta colección es la prefiguración de la epopeya, un tributo tardío a nuestra historia con h minúscula y al ideal puro de la libertad que emergió de todas esas patrias matizadas que reseñaron nuestros próceres fundadores, patrias que se cuajaron en un imaginario diversificado de lenguas acriolladas y recuentos silenciados. Propongo, pues, la reminiscencia de un cimarronaje contemporáneo que huya de modelos enajenantes y procure una reivindicación actualizada de nuestra raíz africana y de nuestra colorida palestra caribeña y americana. Cocobalé, entonces, no será una danza combativa de reconversiones, sino una invocación a la memoria guerrera y huracanada para responder al presente con un nuevo ángulo, una mirada alternada, transversal de nuestra historia y cultura.

Carlos Manuel Rivera Rosado

Tema al libro realizado por:
Sara Lugardo Toledo

"La presencia común de varios bailes de combate similares de claro origen africano, a través de las Américas, sugiere que estas tradiciones eran también comunes en Puerto Rico. El llamado "cocobalé", como todos los demás bailes de bomba, probablemente tomó una variedad de formas a través de la isla. El "cocobalé", según la literatura disponible y las descripciones orales, probablemente fue una interpretación puertorriqueña de esta tradición africana, afroamericana y afro-caribeña."

"Cocobalé": artes marciales africanas en la bomba.

Carlos "Tato" Torres

"Hasta que los leones tengan sus propios historiadores, las historias de caza siempre glorificarán al cazador."

Proverbio igbo

"Fanon dice que él no quiere ser esclavo de la esclavitud. Para mí, esto sobrentiende que no podemos conformarnos con ignorar el fenómeno histórico de la esclavitud, que no hay que parecer de manera pulsional su trauma persistente. La superación es exploración proyectiva. El esclavo es en primer lugar aquel que no sabe. El esclavo de la esclavitud es aquel que no quiere saber".

Édouard Glissant
El discurso antillano

Caribe Continental

y otras coordenadas en Sudamérica

Germinando suelos con cada pie fugitivo

"A lo largo de
Afro-América, tales comunidades
permanecieron
como un reto heroico a la autoridad blanca, y
como la prueba
viviente de la existencia de una conciencia que
rehusaba
ser circunscrita por la concepción de los
blancos o ser manipulada".

Sociedades Cimarrones,
Comunidades esclavas rebeldes de América.

Richard Price.

Relato del griott, Belen-Tigi, sacerdote y maestro principal del Tercer Estado Mandinka

(I)

El príncipe, quinto en la línea como heredero al trono real, llegó hasta la choza del venerable sacerdote en busca de sabiduría y consejo. Luego de participar del ritual de invocación y escuchar las hazañas milenarias de la tribu, el joven hizo preguntas que causaron profunda perplejidad:

—Honorable Maestro ¿cómo inició la peste sobre nuestra Sagrada Tierra?

—Su Alteza. Muchas lunas se ocultan desde la aparición de los extranjeros. Ellos han ofrecido soborno a los nuestros. Algunos han aceptado su veneno y han traicionado a muchos.

—Entonces ¿es acaso nuestra sed de poder la que nos conduce a tan gran iniquidad? Porque he visto como algunos de los nuestros han comercializado con los invasores, cambiado a una niña por un collar, por un arma o una pieza de oro.

—Existen leones que codician las alas del buitre para su propia maldición y abandonan el cubil de su nacimiento.

—¿Cómo podemos detener la destrucción de las aldeas?

—Me temo que es tarde, Su Alteza. La codicia cae como un manto de muerte sobre la sabana.

— ¡Gran pesar, Venerado Maestro! ¡Escucho en mis sueños los llantos de los que son sumergidos en el gran lago salado!

— ¡Tu visión no es espejismo, Joven Principal! ¡Ha acontecido la peste!

—Entonces, Maestro, fortalece el espíritu de nuestro pueblo. Busca la guía y la sabiduría de los ancestros para rechazar a estos ladrones de almas. ¡Convoca a los orichas, a la Gran Reina y al Gran Mansa para el combate!

—Una advertencia, Su Alteza. ¡No se aleje de palacio! Manténganse cerca del Mansa, de su madre, la Gran Reina y de sus hermanos, los príncipes que le anteceden.

—Venerable, le recuerdo que, bajo el castigo de los elementos, maté mi primer león con la lanza que heredé de mi abuelo, uno de los primeros Mansas.

—Repare en los búfalos y sus crías ante las leonas cazadoras; ellos forman un cerco de cornamentas para proteger a sus críos. Las leonas tienen que aceptar la supremacía y se alejan derrotadas. Tenemos que aprender muchas lecciones de nuestra hermandad en la sabana.

El príncipe sonríe y saluda con respeto reverente. El maestro griott procedió a empuñar el cetro de mando tribal. Indica con su dedo índice el tallado donde están contenidas ocho historias develadas por las sombras ancestrales. Con las palabras precisas, el griott relata los destinos errantes de los elegidos cautivos en lejanas tierras.

"(F)ugido"
Brasil
(1676)

"Hoy con mi sangre América se nutre,
Cóndor que se transforma en buitre,
Ave de la esclavitud...
¡Ella se juntó a las demás...hermana traidora!
¡Cuál de José los viles hermanos, otrora,
vendieron a su hermano".

Voze D'Africa.
Antonio de Castro Alves

Hubo batalla y muchos muertos en el primer quilombo. La primera empalizada de camino a Palmares la ganaron los portugueses pues recibieron ayuda de un regimiento de indios tupis, expertos en cazar fugitivos. Salí de la espesura, con las manos en alto. Informé a los soldados que conocía a Zumbi. Me colocaron un collar de acero y cadenas. Me llevaron hasta el otro lado de la empalizada. Había un guerrero muerto en el suelo. Abrieron toda su piel a latigazos y echaron sal en sus heridas. Los soldados portugueses le cortaron más arriba de las manos para que perdiera toda la sangre. Este guerrero continuó luchando, afirmando que era el rey Zumbi, hasta que se le escapó la vida a fuerza de golpes. Me obligaron a acercarme para que pudiera verlo. El teniente mayor Manuel Lopes me preguntó si el guerrero muerto era Zumbi. Le dije que sí, que ese era el nieto de la princesa Aqualtune y sobrino del rey Mganga Zumba, rey fundador del pueblo cimarrón de Palmares. Recibí un golpe en mi boca por llamar rey a Mganga Zumba. Volvió a preguntarme si estaba seguro. Me amenazó con su espadín y me agarró por el collar de acero que pusieron sobre mi cuello. Le dije que sí y le recordé la recompensa de libertad para aquel que identificara al difunto. El teniente escupió sobre mis pies y ordenó a los soldados que me quitaran las cadenas.

Una muchacha cautiva me sonrió. Los indios tupis iban a divertirse con ella en la fosa de los muertos y luego la degollarían como hicieron con otras muchachas y mujeres, hijas del quilombo.

—A ese muerto Iansa lo vino a buscar— gritaba la anciana Mamãe Sacerdotisa. Los soldados se burlaron de la canción de los quilomberos capturados:
—Zumbi não morre, oia Zumbi! ¡não pode morrer, oia Zumbi! tem o corpo fechado, ¡oia Zumbi!
(¡Zumbi no muere, Zumbi no puede morir! ¡Zumbi tiene el cuerpo cerrado!).

Los blancos también buscaban a la guerrera Dandara para fusilarla. Dandara mató a un soldado con un batido capoeira. El Teniente Mayor pagaría buena suma de oro por ella. Ella es una guerra de mucha fuerza y valor. Dandara es guía de muchas mujeres luchadoras. Dicen que es la joven esposa de Zumbi, aunque Zumbi tiene otras esposas, quilomberas, indias y hasta blancas...como la Mujer Salamandra. La Mujer Salamandra es la mujer blanca que huyó de su marido. Prefirió buscar la protección de Zumbi que soportar los abusos del que fue su hombre. Ella salió como voluntaria en lo alto de la empalizada. Luchó junto a Dandara y otras guerreras y tiró agua hirviente a los enemigos.

Los soldados no se dieron cuenta que se acercaban puntas envenenadas por la maleza, muchas puntas bañadas con curare. Venían por todos los caminos. Fue difícil contarlas entre la maleza. Estos invasores no saben lo que les espera.

Uno de los quilomberos traidores, una mala hierba, se acercó al muerto. Notó aquella marca en su cara. La marca que se escribe así (F) en la cara del muerto. Es la marca del hierro caliente que dibujan en las caras de los esclavos fugados. El maldito comenzó a gritar: ¡Fugido! ¡Fugido! Dijo que ese no podía ser Zumbi porque Zumbi huyó de la casa del párroco Antonio Melo cuando tenía apenas diecisiete años y nunca fue apresado. Dijo que Zumbi jamás tuvo la marca de fugido en su cara.

El Sargento Mayor ordenó que me echaran mano, pero las puntas ya habían rodeado al poblado entero. Cada punta era una lanza en la mano de un guerrero que daba por veinte de ellos. Dandara deja dos lanzas paraditas frente a mis pies. Con la primera jodí al Teniente Mayor. Con la otra traspasé al quilombero gritón y delator, la mala hierba. Los cautivos encadenados y la muchacha que me sonrió corrieron hacia este lado de mi sombra. La confusión es la mejor aliada en nuestra guerra. A mi señal, flechas y lanzas llovieron contra todos los enemigos de Palmares. Los blancos, los indios tupis y algunos negros traidores corrieron hacia el otro lado de la empalizada y allí los atrapamos. El plomo de mis arcabuces fue el rocío de muerte merecido sobre estos mal nacidos que osaron atacar a Palmares. Espero que sus gritos de piedad y miedo se escuchen en Recife y hasta en Pernambuco. Prometí a los míos que regresaría para rescatarlos de los infieles. No permitiré que lleguen hasta nuestra Ciudad Real: Macacos.

Escuchando los gritos de victoria de los míos, pienso sobre una de las primeras enseñanzas que aprendí cuando estaba bajo la tutela del párroco Antonio Melo. Y es que los enemigos que traen la cadena y la carimba ardiente aún no aprenden la lección que dio el párroco sobre aquel hombre bañado de santidad a quien consideran su guía sagrado. Ellos siguen buscando erróneamente entre los muertos al que vive para salvar a su pueblo.

Mati
Surinam
(1777)

"Despierta porque debes estar despierto
para estar despierto
para mirar las cosas que los que duermen no
pueden ver
porque ellos no están despiertos."

Despierta
LouiseWondel

Llegamos al poblado, una aldea de numerosas chozas arrimadas a la gran choza donde regía el jefe cimarrón de estos fugitivos que se hacen llamar Saramakas. Los tambores avisaron nuestra llegada, luego de años de extensas luchas. Los niños pedían que los siguiéramos. Nos llamaban "Backra" que significa blancos, aunque este servidor es un soldado zambo Koromantee, sargento del regimiento indígena. La conquista del poblado se lograba sin gran resistencia. Por orden de nuestro capitán, le derribamos su poste sagrado, la figura de dos serpientes que se comían por sus colas. Ellos las llamaban 'Serpientes de Elegba' y nos decían que moriríamos por esa gran soberbia de destruir la figura sagrada que, para ellos, es su gran instrumento para leer las sazones y los tiempos. Las mujeres salían de sus chozas para caer de rodillas en señal de sumisión. Algunos hombres abandonaban sus madrigueras y dejaban sus fusiles en el suelo. Nuestro capitán exigía cautela al desarmar a estas endemoniadas criaturas que rezan a sus ancestros y a sus ídolos que llaman "obeahs".

El jefe de ellos salió de la gran choza y caminó hacia nosotros. Zan Zan, así lo conocían sus seguidores. Era un negro alto y fornido de brazos. Le seguía un séquito de negros armados con fusiles y dagas filosas. Este grupo rehusó entregar sus armas, llamándonos muertos de hambre y perros esclavistas. Zan Zan exigió silencio y aquietó las griterías hostiles.

En la tarde, hubo conferencia en la explanada. Una enorme fogata marcaba el punto de reunión. Los intérpretes tenían que traducir con precisión ya que el mencionado Zan Zan, aunque conocía nuestra lengua porque fue esclavo, prefirió hablar en su lengua primitiva. Acordó con la rendición, no sin antes hacer tontas peticiones: más comida, más descanso, más días de asueto para celebrar sus fiestas y rituales que nuestra Iglesia prohíbe.

Una anciana llegó a nosotros y comenzó a cantar. Parecía que nos contaba una historia, alguna tontería de los años cuando inició la guerra. Traté de interpretar, pero nuestro capitán ordenó que se callara o se vería obligado a utilizar su carabina y mandar al otro mundo a la condenada vieja:

Llegaron a nuestra aldea y comenzaron a matar a los míos. Malditos Backra. Perseguían a nuestra gente para cazarlos como a las bestias. Destruyeron

nuestros sembrados de mandioca y quemaron nuestras chozas. Levantamos un nuevo poblado y allá iban ustedes, disparando sus fusiles. En la confusión, algunas de nuestras mujeres se dieron cuenta que habían dejado a sus bebés y en cambio se trajeron los machucadores de los morteros. Cuando regresaron a buscar a sus hijitos, vieron cuando ustedes, malditos Backra, tomaron a sus bebés, los echaron en los morteros y los machacaron como plátanos maduros. Una lanza les quebró el alma. Fue hasta más doloroso que cuando viajamos vendidos y encadenados en esas naos que fueron fosas flotantes sobre las aguas. Pero no pudieron matar a una niña silenciosa, protegida por nuestros obeahs. No, no pudieron verla, ni escucharla. Esa niña fue considerada una iluminada, una elegida. También sería hija de las madres que cerraron sus labios y lloraron, desde el abismo del silencio, a sus hijitos asesinados.

La victoria fue nuestra sin derramar una sola gota de sangre. Nuestro capitán dijo que cumpliría lealmente con aquellas insignificantes peticiones. Total, siempre le prometemos y luego imponemos la voluntad de La Corona a sangre y fuego. Entonces celebraron. Zan Zan y nuestro capitán bebieron el ron del monte, sellando así el juramento de paz. Los tambores y una especie de instrumentos hechos de bambú sonaron con estruendo. Algunos soldados fueron tras algunas muchachas negras que los invitaron al retozo. Ellas remeneaban sus nalgas y allá iban los soldados blancos que primero las trataron con desprecio. En los arbustos cercanos, otras negras vigorosas retozaban junto a otros soldados con un descaro que se perfilaba en sus carcajadas melosas. Admito que también me dio ganas de tomar a una de esas hembras y montarla a mi antojo. Los otros comenzaron a bailar y se colocaron en formación para regresar a sus haciendas de origen. ¡Ignorante y maldita gente!

Una niña saramaka se acercó a la fogata. Levantó sus bracitos hacia el cielo y un relámpago partió el barrunto de las nubes. De inmediato comenzó a caer lluvia sobre el poblado rebelde. Aquellos ignorantes creyeron que la niña tenía el control de las leyes naturales. Levantaron a la niña en brazos y la llamaron "Badagrí", "la milagrosa". El líder cimarrón recomendó permanecer en el poblado porque el río se saldría de su cauce y sería peligroso vadearlo con mujeres y niños. Gritó sonriente que seríamos sus "Mati," palabra primitiva que significa pariente o familiar.

Nos dividimos en patrullas y nos cubrimos en las chozas mientras esperamos que la lluvia dejara de caer. Los bárbaros nos ofrecían de su alimento y nos llamaban "Mati". Por un momento pensé que la niñita saramaka sí provocó aquel aguacero que nos mantenía allí en medio de la selva. Mi abuela negra me contaba historias de profecías, de niños bendecidos con portentos como ese. Luego aprendí que todos esos cuentos son chapucerías. La figura de las serpientes sagradas que le derribamos no terminaba de quemarse y avanzamos la quema echándole pólvora. Nuestro capitán ordenó relevos fijos para el descanso. Y en uno de estos cambios de guarda llegó el sueño, más placentero que en cualquier otro lugar.

En duermevela, en la vigilia fresca, escuché una voz de mujer que me decía suavemente: "Despierta". Me levanté asustado. La mañana había llegado, aún con la lluvia. Encontré sangre mezclada con barro en mi choza. La misma huella se repetía en todas las chozas donde mis compañeros de armas fueron alojados. Hasta en la gran choza donde descansó nuestro capitán junto al cimarrón Zan Zan, encontré el mismo rastro de muerte. No hubo voces de compañeros o enemigos.

Tampoco encontré cadáveres. Lo único que encontré fue sangre y moscas, moscas malditas que zumbaban y volaban de una choza a la otra. Entonces pude entender, al igual que ustedes, que la única razón para dejarme con vida fue para que llevara el horrible mensaje a nuestros oficiales. Todos mis compañeros fueron degollados mientras dormían. Corrí hasta el río embravecido, buscando la ruta de regreso. Entonces fue cuando escuché, a lo lejos, una risa infantil y una canción de victoria de una muchedumbre que se adentraba hacia el corazón de la selva.

Curduvaré del Rey Miguel
Venezuela
(1553)

"Cada cien años despierta un guerrero,
cuando el alma del pueblo desgarrada está,
¡despierta África!, ¡oigo voces de ansiedad!,
los niños lloran de hambre, ¡no hay leche!,
el pecho seco, como la tierra yerma está."

Sonatina de libertad
Florencio José Malpica Hidalgo

Ante el cielo de mis orichas puedo jurar lo que les cuento. Desde San Juan de Puerto Rico trajeron encadenado a este hijo magnífico. Biafra fue su lugar de nacimiento en la Tierra Madre. Tendrán que arrepentirse en polvo y ceniza por arrancarlo de su suelo y traerlo al Buria. Porque el niño yoruba daría una lección a sus enemigos. Miguel se levantaría contra el látigo y contra la carimba caliente.

Ellos nos han robado para trabajar en esas oscuras minas. Para los españoles, lo más importante son esas piedras amarillas que llaman oro. En nuestra tierra el oro es una piedra de valor menor. Las minas son muy calientes y algunos de nuestros hermanos murieron en ellas antes de recibir el primer sorbo de agua amarga. Cuando las picotas se partían, los españoles nos obligaban a usar nuestras manos en los hoyos. Nuestras manos se hacían sangre y ni siquiera nos daban medicina; solo un poco de agua para las heridas y la orden: "Sigan cavando, carajo, sigan cavando".

Miguel iba, cara a cara, sembrando la revuelta y cosechando gentes para su causa. Curaba el quebranto con palabras de valor. Escuchaba los ruegos de los oprimidos que cernían las arenas de los ríos. Pero lo más importante, preparaba un alzamiento grande contra los españoles. Ya los indios jiraharas pactaron unirse a su partido y las negras servían como espías y mensajeras en los territorios cercanos. Entre estas se destacó Guiomar, Su Majestad, la esposa del rey Miguel. Nosotros, sus seguidores, fuimos reconociendo los caminos reales que nos conducirían a lo que sería el cumbe en el pico de la montaña, el poblado "Curduvaré," libre como la liebre.

Y llegó la noche cuando más de cincuenta de los míos se negaron a rendir trabajo en las minas del Buria. Protestamos valerosamente frente a los capataces del alcalde capitán Diego Hernández de Serpa.

El rey Miguel llevó la delantera en pagarle a un cancerbero con su propia espada. Corrimos hacia el cumbe, pero hostigamos a nuestros perseguidores por todo el camino con lanzas, piedras y pedazos de acero sacados de las cadenas rotas. Mujeres de pies ligeros, indias y negras, robaban caballos y mosquetes para llevarlos al cumbe. Las fuerzas guerreras crecieron y se unieron alrededor de esa única piedra de mando: un rey de grandiosa estirpe quien se negó a vivir como un animal de carga y nos condujo hacia la libertad.

Nuestro reinado no duró mucho tiempo, por más que deseáramos vivir en paz bajo nuestras propias leyes. En respuesta a sus ataques, nosotros los cimarrones, atacamos la ciudad de Nueva Segovia. El ejército de Miguel fue derrotado pues los enemigos españoles fueron muchos y obtuvieron refuerzos indígenas del Tocuyo y de otros indígenas de territorios cercanos. También hubo delatores que pusieron al descubierto nuestra estrategia de guerra. Dicen que Miguel murió en esa batalla, dicen que los españoles lo tiraron por el barranco. No lo creo. Legba le regaló las alas negriblancas y el pecho amarillento del turpial para que su cuerpo no se partiera en los peñascos. No era su momento para morir. La reina María Lionza lo esperaba para nombrarlo su consejero de guerra.

Es que guerreros bravos como Miguel no pueden morir porque la muerte los vomita y los unge para que siembren temor en los ojos de sus enemigos. Nuestro rey escapa de las grietas del tiempo. Miguel es memoria y sustancia. Si no me creen, pregunten quién blande una daga vengadora que le ha quitado la vida a una docena de enemigos mientras dormían contentos. Miguel es selectivo pues solo ha degollado a los que lucen charreteras.

Benkos Biojó
Colombia
(1607)

"Los tambores el mensaje difundieron.
Las cadenas y los grilletes crujieron.
El señor del látigo comenzó a temblar".

BenkosBiojó
Julián Conrado

Me llamo Benkos Biojó. Fui monarca del poderoso Estado Bissau en la Tierra Madre. Un pueblo enemigo me sorprendió lejos y me capturó junto a mi esposa, la reina Wiwa, y mis hijos: la princesa Orika y el príncipe Sando. Esa tribu enemiga tuvo la osadía vergonzosa de vendernos a los extranjeros en su maldito comercio. Por fuerza, nos trajeron a estas tierras donde los ladrones de almas han hecho de nosotros sus rebajados sirvientes. Teníamos sirvientes en la Tierra Madre y Patria, botines valiosos de muchas guerras tribales, pero sería un gran pecado tratar a estos cautivos como lo hacen estos cobardes.

Ellos arremeten contra nuestra gente con gran crueldad y nos golpean con esa arma cobarde que llaman el chuzo de cuero. Cada sirviente solo tiene derecho a una comida escasa. Nos obligan a trabajar en los campos de cañas y en una empalizada grande donde mezclan arena con los huesos de muchos de nuestros hermanos muertos. Con esa mezcla cubren las altas murallas que nos obligan a edificar. Un guerrero valiente fue asesinado cuando no quiso trabajar más. Lo golpearon hasta que su espíritu abandonó esta tierra que maldijo con su último aliento. Entendí que la muerte sería el camino para ganar la libertad.

Morir. Pero antes, lucharíamos contra estos ladrones y asesinos. Entonces uno de ellos me gritó: "Tú, levanta el azadón de ese y continúa trabajando." Lo miré con la furia de Ogún. En nuestra tribu, la guerra inicia en las miradas. Empuñé el azadón. Busqué un descuido y con el azadón golpeé al maldito con toda la fuerza que me otorgaron mis orichas. Sus huesos se partieron. Entonces mis hijos, los príncipes Sando y Orika, siempre unidos a mí, hicieron lo mismo con otro de los capataces. Reclamamos lealtad en varias lenguas y aplastamos a otros en la fuga, hasta a los hijos de las tribus que trataron de detenernos por orden de los blancos. Corrimos hacia el monte, ignorando el fuego de sus armas que trataban de matarnos en la huida. Los hermanos que se unieron fueron una gran unidad de guerreros; hombres, mujeres y muchachos; todos honorables. No podía entender algunas de sus lenguas, pero el guerrero Biohopa me ayudó a organizar la lucha. Nos dividimos por clanes y esperamos algunos días. En la ciénaga de Matuna nos vestimos de gloria. Sorprendimos a la primera partida. Lanzamos troncos para derribar a los jinetes de sus caballos. Ya en el suelo, eliminamos efectivamente a los adversarios. Nuestras espadas nos las repartieron nuestros propios enemigos en los cortes de la caña. La segunda partida fue hostigada en ambos lados del camino. El fuego de sus fusiles no pudo contra el hambre y la furia de mi gente.

Ordené que no quedara despojo, eliminando con mi propia mano a los últimos enemigos que rogaban por clemencia. Fue como en Ungara, la guerra de los grandes ríos, cuando mi ejército se igualó con el barro para sorprender y vencer al gran ejército Jelofe.
¿Acaso son ellos más poderosos que los leones de mi Patria? Y para mayor desgracia de los tiranos y para la providencia iluminada de los míos, las tropas enemigas que enviaron luego fueron rechazadas igualmente con mi lanza y con el valor de nuestros fueros. Finalmente fundamos Palenque para nosotros y otros refugiados. Dicen que Palenque de San Basilio fue el primer pueblo libre. Mi nombre es Benkos Biojó y estoy agradecido que usted cuente mi historia.

"Instrucción abierta contra Esclavos, Cimarrones, Ladrones y Resistencia a la Autoridad"
Perú
(1713)

"Vuelvo en un nuevo velero
que ni es negrero
ni tiene tratante al mando.
¡Mi retorno es navegando
en comando guerrillero!"

El retorno
Nicomedes Santa Cruz

Por encomienda fuimos a comprar leña a Lima, la ciudad murada, pero también fuimos a espiar lo que ocurrió con los prisioneros del palenque en Huachipa. El general perdonó a los que se rindieron y los vendieron lejos de la ciudad. En la plaza todavía tenían apresado a Francisco Congo y a Manuel Lucumí, nuestros jefes. El virrey los castigaría con la muerte por llevar a la gente negra a desafiar a los cristianos con revuelta y robo.

Recordamos cuando Francisco Congo llegó a Palenque. Martín lo recibió. Francisco era Congo y Martín, Terranovo. Ellos no se trataban bien porque son de tribus distintas. Pero Manuel Lucumí le permitió entrada a Palenque. Francisco Congo era muy guapo y ayudó para que Palenque fuera más grande. Convenció a Martín para que recibiera a otros fugitivos congos y de otros pueblos. Estos negros se le unieron después. Se metió en la casa y se quedó con la yuca. Francisco Congo reclamó ser el general. El otro respondió a su desafío y pagó con su vida en un duelo a machetazos. Los congos celebraron la victoria de Francisco gritándole ¡Chavelilla! como también se le conocía a Francisco.

El nuevo jefe reía cuando los suyos lo llamaban Chavelilla. Dicen que se robó a la mulata Chavela, la esclava del corregidor, aunque después la mulata Chavela regresó y dijo que Francisco no la robó. Dijo que ella se fue con él y que él la trató bien. Y fue así que Francisco se hizo nuestro capitán. Francisco Congo le perdonó la vida a Manuel Lucumí y lo nombró alcalde de Palenque. Francisco también fue nuestro sacerdote y líder espiritual pues tenía los tambores que servían de voz sagrada para hablar con los orichas del otro lado de las aguas.

Ambos hombres estaban sentenciados. Manuel pidió clemencia. Su amo, don José María Cabesas, gritó que tenía que pagar por sus crímenes. La ama de Francisco, doña Isabel Fragoso, llegó hasta él y le acarició la cabeza. Ella dijo que no tenía plata para defenderlo. Doña Isabel lloró y los blancos no entendieron esos juramentos de silencio que algunas mujeres blancas hacían en sus adentros. El verdugo preparó las horcas. A cada uno de nuestros jefes se le colocó una horca en su cuello. Los blancos aplaudían. Manuel comenzó a cantar la liturgia de los terranovos. Francisco Congo buscaba a alguien entre la gente. Miró hacia allá y vio a la mulata Chavela que traía para el general un rico zumo de frutas mezclado con la fruta piñón. Ella sirvió contenta al general, a los oficiales y a sus parientes.

Miró a Francisco, se persignó y luego continuó sirviendo a los invitados. El general dio la orden. El verdugo quitó los troncos donde estaban parados nuestros jefes. Manuel gritó y luego comenzó a ahogarse. La lengua saltó de su boca y se fue poniendo negra como la sotana del obispo que daba el servicio para el perdón de sus almas. El tambor de los orichas se escuchó en la distancia y Francisco Congo buscó entender los mensajes ocultos en las aves del cielo. Pero la gente no pudo verlo en agonía. La terraza se llenó de gritos y de sangre. El general, sus oficiales y familiares cayeron temblando y botando sangre por boca y nariz hasta que se fueron para el más allá. Chavela se alejó de la plaza, apresuró el trago del zumo de frutas y corrió sonriente hacia lo que quedaba del poblado cimarrón en Huachipa. Así lo contamos nosotros que ya somos viejos y vimos estas cosas. Chavela encontró el camino, junto a Francisco Congo, para regresar a la tierra de sus ancestros.

Antón
Ecuador
(1554)

"Mi cabellera crespa
trae un furor,
un oleaje,
un ancestro
que viene desde lejos.
Aquel brillo tan negro
arrastra códigos milenarios.
Detrás de estos rizos
con su voz quebradiza
asoman mis abuelos".

La contraportada del deseo,
Luz Argentina Chiriboga

El viento maligno, el que los indígenas llaman Guabancex, atrapó el barco del amo Illescas. Nosotros fuimos parte de su equipaje hacia el nuevo territorio. Iba yo sobre cubierta con los marinos porque soy el lenguaraz de mi amo. Las aguas no se aquietaban ni con nuestras plegarias a Yemayá ni con los ruegos que los blancos hacían a la virgen y al niñito. A los blancos no les importó su gente que se ahogó en el gran lago salado y mucho menos los nuestros que bajaron al fondo con grilletes. Ellos aseguraban sus metales, sus utensilios de oro y plata y los toneles de agua dulce. Las corrientes fueron colas de caimanes furiosos que golpearon los costados del barco hasta que comenzó a romperse con la ayuda de nuestros orichas. Los míos, en ese espacio oscuro, amarrados a grilletes, tendrían muerte segura. Los marinos de Illescas entraron a la bodega y sacaron a varios cautivos para dar ayuda arriba. Entre esos estaba Antón. Nos obligaron a amarrar y asegurar sus riquezas y luego bajar la chalupa con cuerdas. La voz del llamado capitán maldecía a sus dioses y también a los nuestros. Su lengua estaba airada contra el espíritu del viento. Pagó por su insolencia. Su barco se partió por la mitad y comenzó a bajar hacia el fondo azul. Escuchamos la voz de

Antón que nos ordenaba socorrer a los débiles, darles un pedazo de madera para que no se hundieran. Nos decía, en la lengua pura, que nadáramos y que pateáramos fuerte, siempre hacia arriba. Los hermanos encadenados se fueron abajo. Algunos de los nuestros murieron porque se cansaron de nadar y se entregaron al manto de la muerte. Pudimos salvar a otros, incluso a varias de nuestras mujeres. También, por orden de Antón, salvamos a algunos blancos, acercándoles pedazos de madera y barriles vacíos. El tiempo pareció detenerse ante las voces desesperadas y ante el rugido de las aguas y del viento. Enfrentamos muchos golpes de las corrientes que nos hacían subir y bajar. A veces parecía que tocaríamos el nuevo cielo, suspendidos en el aire para caer nuevamente en el alboroto de las aguas. La gran loa parecía purificar el espíritu de sus hijos en el desierto del mar. El capitán y el amo Illescas habían alcanzado la chalupa. Subieron las cajas, luego comenzaron a subir a sus marinos. Uno de los nuestros trató de sujetarse de la chalupa y el capitán le golpeó la cabeza con el remo. Nuestro hermano bajó al fondo ya sin vida, con su cabeza rajada. Antón vio esa cobardía, pero ordenó que siguiéramos nadando, pateando hacia arriba, que nos sujetáramos con fuerza. Luego de un rato que pareció sin final, como las plegarias a nuestros ancestros, las mismas aguas nos fueron acercando a la orilla. Poco a poco fuimos encontrando suelo arenoso para nuestros pies. Nos tiraron cuerdas y nos ordenaron jalar la chalupa hacia la orilla. Así sacamos la chalupa llena de marinos y de sus metales que no tienen el valor de un hombre. Luego descansamos. Pensé que perdería la vida por tragar tanta agua salada. Algunos de los nuestros lloraron porque no murieron en el alboroto de las aguas. Otros hicieron plegarias de agradecimiento. Illescas y el capitán abrieron las cajas en tierra seca y comenzaron a contar sus piezas de oro y plata.

Nosotros aprovechamos y, por orden de Antón, corrimos hacia la selva. Corrimos mucho hasta llegar al territorio de los guerreros de la piel cobriza como los llamaba Antón. Nuestro líder sabía que los marinos irían tras nosotros. Nos ordenó correr y no detenernos. Así llegamos cerca de las montañas.

Luego de algunos días, los indígenas nos acogieron. Serví de lenguaraz para Antón. Le dijimos que llegábamos en paz y ofrecíamos nuestro valor y nuestras armas a su servicio. En cambio, queríamos protección y comida. El jefe indígena aceptó el trato. En los primeros encuentros contra los blancos, íbamos en primera avanzada. El líder de los guerreros de la piel cobriza se admiró ante nuestra gallardía. Nuestras mujeres también lucharon, levantaron las picas y los enemigos blancos huyeron cuando las vieron armadas y dispuestas al combate. Sangramos y peleamos junto a los guerreros de la piel cobriza. Algunos de nuestros guerreros murieron en el combate contra los españoles. Esas muertes provocaron que los indígenas se envalentonaran contra nosotros. También se molestaron porque pedimos mujeres y tierras para cosechar. Enviaron una avanzada de sus mejores guerreros para asesinarnos. Fue entonces que conocimos al verdadero Antón. Derrotamos a los enviados. Dejamos vivos a tres prisioneros y los llevamos al poblado indígena. Antón ordenó ejecutarlos ante las miradas de todos en la aldea. Sus mujeres y niños comenzaron a gritar al escuchar la voz desafiante de nuestro capitán. Luego se lanzó contra el capitán indígena, el cacique. Lo derribó, colocó el espadín en su garganta y me gritó: "Lorenzo, traduce mis palabras a este mal nacido". Le dijo que él, Antón, sería el nuevo capitán, que su segundo capitán sería yo, Lorenzo Illescas, y que si alguien quisiera disputarle el mando tendría que ganarlo luchando contra él hasta la muerte.

Y así fue que comenzamos a formar palenque junto a nuestros hermanos guerreros de la piel cobriza. Otros fugados llegaron hasta nuestro palenque en busca de agua, comida y protección. Antón dio protección, pero pidió a cambio que fueran guerreros y guerreras para proteger palenque. No pasó mucho tiempo que comenzaron a llegar patrullas de soldados y se repitieron informes confusos sobre el origen de los atacantes. Antón vio en esto una enorme ventaja, combatirlos con las vestiduras, atuendos y colores de guerra de los hermanos indígenas. Fue nuestra costumbre y bravura atacar a los regimientos españoles que se atrevieron a seguir nuestras huellas. Los derrotados, en retirada, maldecían las madres de los zambos. Así fuimos reconocidos hasta el día de hoy.

Catalina y Bayano
Panamá
(1538)

"Su capitán llamábase Ballano,
que fue de quien tomo la tierra el nombre,
pues hizo de Panamá que el castellano
de su atrevido osar tal vez se asombre;
porque, cual rayo rápido, abrasaba
las estancias campestres que robaba".

Armas Antárticas.
Juan De Miramontes y Zuazola.

En la noche, los negros fugados susurran un nombre salvador que los empareja con la libertad. Desde las galerías de esclavos, desde las subastas en el puerto, desde el Darién, buscan un fuego de esperanza. En Porto Bello encalla un barco negrero que zozobraba y los raptados corren alocados hacia las dunas que tienen algún sabor a la patria arrancada. Entonces aparezco yo, la negra Catalina Monserrate. Dicen que tengo caderas de red barredera. Debo llevarme a los fugados hasta palenque en 'Nombre de Dios'. Algunos me ven como un aliado malevo que habla la lengua de los que tienen la piel enfermiza. Cuando pronuncio la lengua de los ancestros, entonces me siguen. Riego el potaje de orégano para despistar a los perros. Un caracol allá grita la señal segura de combate. Los guerreros corren hacia lugares estratégicos. Trato de buscar refugio para los escapados. Y los disparos contra los soldados de España se desganchan de cualquier arbusto. Llevo carabina y no es un simple amuleto. Mi carabina ha quitado la vida a unos cuantos soldaditos españoles.

Los cimarrones de Felipillo son nuestros aliados y logran detener a la patrulla armada que no tiene más remedio que huir ante los ecos del monte y los malos encuentros.

Trato de curar la herida de bala en un hombro. Tejo un vendaje para cubrir un rasguño. Donde no fue posible curación, doy un ruego en cristiano y canga y le dejo en la mano un machete al guerrero mal herido para que pueda entenderse con los perros de cacería. Los fugados aprendieron la regla en el acto. Ellos respondieron ayudando a otros heridos. Con señas y algunas palabras expliqué que, en esta tierra, todas las tribus son una sola tribu. Caminamos mucho hacia los montes. Los vigías de palenque repetían el nombre de nuestro caudillo, nuestro Adelantado. Levanto el brazo diestro y saludo a nuestra gente que celebraba en la primera empalizada. Festejan porque traigo nuevos guerreros que se suman a nuestro ejército liberado. Nuestro Rey me abraza y agradece a los orichas que regresé con gente nueva. Los blancos siempre se equivocan. El reinado de Reconcholo del Rey Bayano está más adentro, hacia las montañas pintadas con neblina.

**Nyanga
México
(1609)**

"Y aquí estoy, porque ya vine,
porque quiero y porque sí.
¡Vengo a ver si encuentro uno
que pueda igualarse a mí!"

Corrido del Bajío.

Marcharon desde Puebla a encontrarse con nuestro líder. Por muchos años, el gobierno colonial ha tratado de detener a nuestro jefe quien es un príncipe africano vendido en la Nueva España. Fueron a nuestro encuentro. Nuestro jefe se llama Nyanga, es temido y admirado por todos nuestros guerreros. Nyanga iba siempre al frente de sus cimarrones.

Era el más alto de todos. Llevaba un poncho, pantalones de dril y botines de la armada, botines que le arrebató a un combatiente enemigo a quien eliminó. En sus brazos cruzados descansaba una carabina y llevaba un largo machete al cinto. Su rostro era negro, como el de nosotros, sus tenientes. Pero había un orgullo, una frente altiva como pocas. Un cachimbo en su boca despedía el humo aromático del tabaco. Lanza un silbido y tres coyotes aparecen y corren frente a él, como si fueran a espantar a los demonios del camino. Algunos de los soldados enemigos de la España abandonaron sus posiciones de vigilancia y corrieron espantados al ver como nuestro cabronazo dominaba hasta las bestias con un silbido. Entonces lo escucharon hablar:

—En mi tierra ya sería un rey y aquí gritan que soy brujo porque pacto con las bestias.

—Entre perros alzados siempre hay convenio —respondió el general Allende—Esos malditos animales son los que entran a nuestro campamento en la noche, a hurtadillas, y dañan el alimento de nuestros soldados.

—Agradecidos deben estar que solo mordieron su alimento—Respondió Nyanga con una sonrisa sostenida en el cachimbo.

— ¡Regresen a sus haciendas de donde se fugaron! ¡Es la ley! Saben que no pueden ganar.

— ¿Cuál ley? ¿La ley del hombre blanco? Tengo una mejor oferta. Queremos tierras y un gobierno donde Nyanga y sus herederos sean amos y señores. Pagaremos tributo justo al gobernador siempre y cuando nos dejen en paz, cosechando, pescando, intercambiando nuestros productos con los hermanos indígenas.

El general Allende se volteó hacia los suyos y preguntó con burla:

— ¿Quién se cree este pendejo que es, el rey de España? —le siguieron las carcajadas de sus soldados.

— ¡Soy Nyanga! — respondió nuestro jefe. Y continuó —Ustedes no tienen oportunidad acá. Ustedes están lejos del poblado de donde salieron. No tienen suficientes suministros para aguantar. Los refuerzos tardarían días en llegar y nosotros dominamos esta tierra porque ha sido nuestro hogar y sustento por tantos años. Nyanga no hará más oferta.

El general se reunió con sus oficiales. Pidió consejo en aquella extrema situación.

—Si aceptamos tu tregua, ¿Qué harás con los negros fugados que lleguen hasta ti? ¿Darás protección a esos jodidos holgazanes?

—La libertad será solo para los que han sangrado conmigo, el pueblo de Palenque.

— ¡Ajá! Eso tengo que verlo.

— ¿Acaso cree que nosotros confiamos en las palabras de ustedes?

— ¿Qué garantía das para que podamos aceptar tu tregua?

— ¡Francisco!

Nyanga llamó a Francisco de la Matoza, su segundo al mando y le ordenó que trajera algunos prisioneros. Francisco entonces trajo a tres soldados españoles cautivos. Los soldados españoles se veían muy pálidos y asustados. Los coyotes comenzaron a ladrarles, pero nuestro soberano decía palabras y los coyotes se mantenían quietos. Francisco habló a su jefe en una lengua que nadie pudo entender. Nyanga responde sonriente:

—Mi guerrero Francisco me pregunta cuál de estos soldados dejaremos libre para mostrar nuestra buena fe. Le respondo que le entregaremos al más pendejo. A los tres. Total, si todos ustedes son iguales.

Esta vez las carcajadas fueron las nuestras. El general Allende colocó su mano en la empuñadura de su espada. Entonces, más de mis hermanos aparecieron de lugares ocultos, aun tras la retaguardia. Creo que todos los soldados españoles gritaron un ruego a la virgen de la Guadalupe para que los salvaran de la lluvia de plomo que íbamos a tirarle. El general, animado por sus oficiales, dio la sabia orden de retirada. Sus hombres asistieron a los soldados liberados, le soltaron las amarras y comenzaron su marcha de regreso al campamento, pero sin dejar de apuntarnos con sus fusiles.

—Sí. Esta es tierra libre, señores. Regresen y salven sus miserables pellejos. ¡Carajo! ¡Griten a todos los vientos que aquí somos libres! —le ordenó nuestro rey y nosotros lo protegimos con nuestras propias vidas y con una línea de fusiles de su guardia selecta.

Los coyotes de Nyanga aullaron como nunca. Así fue que despedimos a esa salta de perros sarnosos que se fueron con los rabos metidos entre las patas.

53

Desarraigo
Relato del último heredero del reinado de Saunjata cuando fue vencido y apresado por los invasores extranjeros.
(II)

Eran los días de peregrinación hacia la ciudad sagrada de Ile Ifé. Todos los miembros maduros de la familia real tenían que asistir, seguidos de un gran sequito y lo más selecto del ejercito Mali. Aún no cumplía la edad para acompañarlos y permanecí en palacio. El amado sacerdote y una cincuentena de guerreros me custodiaba.

Entonces los invasores atacaron en esos días solemnes, aprovechando la ausencia de mi Reina Madre, del Mansa y de mis hermanos, los príncipes. Ordené formación de batalla con los pocos guerreros que tenía. Se me unieron algunos ancianos ya no aptos para el combate. Di la orden para que formáramos la coraza de escudos, pero sus fuegos traspasaron nuestras defensas y cayó un número considerable de mis guerreros. Entonces di la orden de lucha abierta. Mi lanza se manchaba con sangre humana por primera vez.

Elevé mi rango de cazador a guerrero, matando a varios enemigos invasores. No luchan con la nobleza del león. Asaltan como las hienas, desde lugares ocultos.

Entre ellos vi a muchos hijos de las tribus, con las ropas y armas del enemigo, traicionando a los pocos de mi pueblo. Otros de nuestros guerreros cayeron como valientes honorables. Los guerreros de palacio ofrendaron su vida por la mía, interponiéndose entre las armas enemigas y mi cuerpo. Otros prefirieron rematarse con sus propias espadas y volar a la ciudad sagrada de Ile Ifé antes que dejarse quebrar por estos infieles. Ellos fueron superiores en números y armas, esas armas que matan desde la distancia y sus picadas mortíferas entran a tu carne y te arrancan el aliento que el Poderoso te regaló. Fue un castigo demasiado severo que recibimos de nuestras Loas. Pero peor que la propia muerte fue testificar que jefes de nuestras tribus vecinas entregaban apresados a nuestros hermanos para recibir algún pago por semejante traición. Para culminar con más deshonra, asesinaron cobardemente a los ancianos venerables y al amado griott.

Fuimos desarmados y encadenados. También colocaron bajo amarras a niños y a mujeres. De estos había en gran cantidad. Caímos como animalillos en su trampa. Allá la aldea fue incendiada con teas llameantes cuyo azul presagiaba la muerte de toda mi tribu. Nos obligaron a caminar hasta el declinar de las sombras, mientras que nos golpeaban con varas en las espaldas y en las piernas. Nos golpearon hasta que nos hicieron derramar sangre.

Llegamos hasta la tierra blanca, frente al gran lago salado. Allí descansaba un gran pez de madera, la nave espantosa de los extranjeros. El pez de madera se mencionaba en las leyendas que nos contaba el venerable. La leyenda decía que ese pez de madera devoraba a los hijos de las tribus, atrapándolos en su asqueroso vientre y que los hijos no regresaban, desaparecían para siempre. Quemaron nuestras carnes con un cincel de hierro y fuego. Los gritos de dolor de mi gente llegaron hasta la cumbre del Kilimanjaro. Nos obligaron a subir y penetrar el interior de la gran nave. Fuimos amarrados de pies y manos, todos juntos en la oscuridad. Traté de sostenerme, pero caí ante los gritos de los hermanos. Y el olor del lugar me dio un asco que dominó mi temor a ser devorado vivo por estas criaturas, hijos del mal. Sentía el fuego del hierro aun quemándome los huesos. Y en el mundo del sueño pude constatar los relatos que hiciera aquella noche el venerable Maestro y Sacerdote. La sombra protectora me confirmaba las hazañas de mis hermanos que resistieron a las hienas en lejanas tierras.

Algunos de ellos también recibieron el signo del fuego, pero siguen siendo escudos vivos de resistencia.

Los orichas de sabiduría me susurraban sus nombres y sus ascendencias heroicas: Benkos, Zumbi, Francisco Congo, ZanZan, Antón, Nyanga, Ballano.

Regresé acá, donde la pesadilla rugía unida a la misma vida. Sentí el roce de una dulce caricia, una de las princesas se apoyó en mi hombro. Parecía desfallecer. Supe que era hija de alguna dinastía por sus pendientes que adornaban sus cabellos. Le di mi hombro en apoyo para que recuperara el aliento. Dijo palabras que no pude comprender. Tal vez me decía su nombre y su título. Me miró dulcemente y sonrió. Su belleza era como la que pertenece al paraíso.

Entonces llegaron los extranjeros, golpeándonos y empujándonos unos contra otros. Jalaron los hierros que nos entrelazaban los pies y caímos otra vez. Arrebataron a la princesa de mi lado y se llevaron a otras jóvenes también. Me golpearon mucho cuando traté de detenerlos. Grité con furia para que las liberaran. Las llevaron al lomo del gran pez de madera. Escuchamos sus gritos hasta el pasar de muchas sombras. No conocía su lengua, pero sabía que me pedía ayuda. Ellos reían. La princesa y las otras doncellas lloraban y gritaban por el dolor o tal vez por la vergüenza. Por décima vez pedí la muerte como castigo a todas nuestras deidades, pero no me fue concedida. Estas sombras no son como nuestras sombras protectoras. Ellas ululan la muerte a nuestros oídos y ríen. Mi memoria trata de remontar vuelo y regresar a palacio donde el venerable maestro nos había regalado otras historias que aprendió de la ciudad sagrada de Ile Ifé. Estas historias relatan las hazañas de otros guerreros, guerreras y Mansas que zozobraron sobre los collares verdosos de islas lejanas. Espero que, en esta hora tan enemiga, pueda morir con el recuerdo vivo de mi Reina Madre y con el recuerdo de mi tierra con toda su grandeza y sabidurí

Caribe de las Islas
(Fugas en Las Indias Occidentales, tierras del Calibán Originario)

"¿Dónde están nuestros historiadores para dar nuestro punto de vista…y dónde {está} nuestra cátedra de historia para enseñar a nuestra gente su propia historia?"

Arturo Alfonso Schomburg,
Historiador puertorriqueño.

"History is the angel with whom all we Caribbeans Jacobs
have to wrestle sooner or later if we hope for blessing"

John Hearne.

**KantiKanan di Makamba
(Un canto a mis hermanos)
Curazao
(1721)**

"En la última parte de la cuarta escena,
cantamos un dúo sobre un nuevo castillo
en la colina en cuyas laderas,
cada noche el mar se mece al sonido de las
melodías,
y nos hace soñar un nuevo sueño libre."

Sueños Libres
Lucille Berry Haseth

Allí estaba en la cubierta del galeón *"El Mercurio."* Vestía el atuendo de las rameras de puerto. Compré el vestido a una mujer de Maracaibo, una hermosa dama de su oficio que viajaba como pasajera. Ella pensó que me iniciaba en las artes amatorias y no pudo resistir darme consejos, advertirme de los riesgos con los socios, los clientes, y presentarme a otras muchachas. Le respondí que trabajaba para mi señor quien es un caballero importante, pero prometí que más adelante compartiría con ella y con sus amigas. Ellas me preguntaron acerca de mi señor y yo les respondí. Ellas reían porque pensaban que era una pendeja enamorada y que debería aprovechar toda oportunidad de sacarle plata y amasar fortuna por aquello de los días postreros. Una de ellas me explicó que en el barco viajaba arrestado Chen Andrés, a quien conocían como Cha Tiger, su nombre de pirata. Explicaba que Cha Tiger fue un esclavo que luego se convirtió en un temido pirata de la región. Lo capturaron en Maracaibo para juzgarlo en Curazao por todos los crímenes que ha cometido contra la Corona: robo, conspiración contra la Corona, asesinato y piratería. El Comisario Heyns tendría que escoltarlo hasta la Villa Real donde lo quemarían vivo.

Me despedí de las amigas, caminé hasta proa y esperé. Los marinos ofrecían grandes sumas de dinero, pidiéndome, de forma grosera, variados servicios que imaginan que doy a mis clientes. Respondí que ya estaba alquilada y que mi señor es un verdadero caballero pues pagó mucho más de lo que ellos ofrecían. Aseguré a estos patanes que mi alquiler no fue por monedas, sino por algo más preciado que el oro. Algunos insistieron, pero los guardas que acompañaban al Comisario detuvieron a los atrevidos.

Traté de no mirar de frente al Comisario. Me dediqué a inventar preguntas tontas para los marinos. Ya conocía las respuestas. No se fijaron que, usando mi abanico de mano, cubría con arena húmeda las mechas de los cañones y las culebrinas. Traje oculto un saquito de arena. Aprovechando descuidos, lanzaba puñaditos de arena húmeda sobre las mechas con la ayuda de mi abanico de mano. De soslayo, escuchaba al Comisario saborear la recompensa que recibiría por el prisionero. Se deleitaba en sentirse el captor de un notorio pirata negro, un antiguo y fugado esclavo que quemaba los maizales en las fiestas de Seu. El gobierno colonial lo quemaría vivo en Willemstad, tanto a él como a otros seis de sus secuaces: indios, negros y mulatos. Busqué el punto marcado, un lado en cubierta que quedaba situado sobre los calabozos. Pagué muy caro por esa información valiosa. Busqué la rendija cubierta con un alquitrán ablandado, la abrí y arrojé las herramientas que pude pasar por el pequeño agujero. Un soldado se acercó y simulé que me había lastimado un tobillo al tropezar con una de las anclas. El soldado, muy atento, me ayudó a ponerme en pie, pero me dijo que no podía estar en esa parte de la cubierta y que regresara con las otras damas. Le acaricié el rostro, le regalé una sonrisa coqueta y regresé a mi lugar anterior.

La mañana fue esplendorosa. El viento salitroso me despertaba muchos recuerdos, noches de amor en el camarote de un capitán. También me llegaron recuerdos de nuestro arribo a pequeñas islitas que fueron nuestro refugio de placer, como si fuéramos reyes en andrajos, pero llenos de vida y de deseos de disfrutar uno del otro. Como locos, gritamos al horizonte marino que nuestro amor no tiene fin, como tampoco lo tienen las olas que nos arrullan en cada playa y en cada aguada donde nos entrelazamos como una sola cosa. Ahora regreso a Willemstad con una esperanza cuajada entre temores ocultos.

Luego de algunas horas, escucharon ruidos en los camarotes interiores. El Comisario envió a dos soldados para investigar. Heyns nos dijo que no debimos viajar en ese barco porque los reos eran sumamente peligrosos. Una de las muchachas le dijo que de peligros ella sabía, que en su oficio ha negociado con hombres de todas las calañas y que no tenía miedo de los reos. El Comisario la llamó imprudente y repitió la historia del fugitivo que lograron apresar, otorgándole epítetos de criminal, violador, asesino de mujeres y niños, secuestrador, ladrón, blasfemo y hasta seductor lascivo y concupiscente.

Los soldados que bajaron a la bodega no regresaron. Un largo silencio incomodó a todos los tripulantes y a los oficiales. El Comisario desenfundó su pistola. Alertó a sus soldados y a todos los marinos sobre un posible alzamiento en cubierta. Frente a la puerta de la bodega, el capitán ordenó que colocaran la falange, un tablado ancho y lleno de clavos para detener a los amotinados. Allí dejaría sus pies y la vida el que tratara de salir a cubierta. El capitán del barco también ordenó traer una culebrina y apuntar hacia la puerta de la bodega. Cuestionó el Comisario esta acción, señalando que los siete piratas capturados debían regresar vivos a Curazao.

El capitán respondió que las vidas de su tripulación son su prioridad y que "El Mercurio" es su barco y lo maneja como quiere. Afirmó que, si hay peligro inminente, estaba dispuesto a perforar los camarotes a cañonazos antes que cederlos a piratas.

Se escucharon golpes y murmullos. La puerta de la bodega se mecía desde adentro, como si forcejearan sobre ella. Murmullos entrecortados se convirtieron en gritos de dolor. Los rifleros se colocaron en posición de tiro. La falange esperaba entre los dos grupos que se jugarían la vida. Las muchachas corrieron hacia popa y se cubrieron tras unos barriles de agua dulce. Heyns daba las advertencias de rigor, ordenando la rendición y que regresaran a sus calabozos. En un momento, el infeliz me miró fijamente. No podía engañarlo más. Me reconoció el canalla.
—¡La ramera mulata! ¡Arréstenla o mátenla! ¡Ella es la socia del pirata Chen Andrés!

Corrí hacia los barriles de pólvora. Un soldado trató de seguirme, pero le rajé el pie con uno de los garfios. Las muchachas lo sujetaron y mi puñal hizo el resto. Escucharon un estruendo muy fuerte. El capitán ordenó disparar la culebrina, pero la mecha no ardía. Mi arena húmeda cerró la boca del pequeño cañón. Lo que sí se abrió fue la puerta de la bodega y los rifleros dispararon. Cha Tiger y los suyos se protegieron con los guardias amordazados que recibieron toda la descarga. Los cuerpos uniformados cayeron fusilados y los liberados los pisotearon para sobrepasar la falange. Cha Tiger parecía flotar sobre los clavos y sin recibir un solo rasguño. Los soldados no pudieron preparar la segunda descarga de fusilería. Chen derribaba a todo el que se le cruzaba en el camino. Sujeta una bayoneta y la esgrime contra el pecho de su dueño. Lo mismo respondía Chaka, su lugarteniente mulato. De un espadazo cae el capitán del barco y otros marinos degollados con sus propias espadas y bayonetas.

Claville cayó por el disparo de un soldado. Las muchachas y yo vengamos al guerrero de Cha Tiger como hicimos con el otro. Los hombres del capitán pirata se armaron con arpones y luego de acabar con los soldados y marinos en el agua, acorralaron al comisario Heyns. Se escuchó el desafío: la capitulación y la entrega del barco al vencedor. Cha Tiger jamás rehúye un compromiso. En estos duelos, donde se jura con la vida antes que la capitulación, solo puede existir un amo de las aguas. El choque de los aceros se convirtió en un llamado para los depredadores de mar y aire. Un brazo, el más certero, añadía carnada para los cóndores en el festín mañanero. Un filo reluciente desprendía el aliento de un cuerpo derribado. El tiempo y las olas parecían detenerse ante el resultado:

— ¡Cha Tiger, de la Cofradía de los Hermanos de la Costa!

Con esta captura y motín creció la leyenda del temido capitán cimarrón del Caribe, un capitán que juró atacar a todo barco que, con permiso o sin permiso de sus monarcas, traficara y se enriqueciera con el dolor de sus hermanos africanos en las Indias Occidentales. Admito mi complicidad. Yo compré a Chen y lo convertí en manumiso. Soy Madame Beldwin, mulata liberta, esposa y confidente del notorio Cha Tiger. Confirmo lo declarado en estas bitácoras que escribo a bordo de este galeón que fue despojo de esta última correría. Algunos bucaneros saludan con honores a toda nuestra tripulación. Llamaron a nuestro barco con ese nuevo nombre: *El espanto de marfil*. Todavía en Willemstad esperan por la llegada del pirata fugitivo.

Sangre azul
Jamaica
(1732)

"Old pirates yes they rob I,
sold I to the merchant ships.
Minutes after they took I
from the bottomless pit."

Redemtion songs
Bob Marley

Caminamos juntos por los campos de los cafetales. El señorito pensó que se sentiría mejor acá que estar en la casa grande donde celebraban la fiesta por la terminación de la cosecha del café. El amo Leroy lloró sobre mi hombro. Recordó la ejecución, el día que murió Elcana, su esclavo particular y amigo de infancia. Se cubrió los oídos, como lo hizo diez años atrás. Lloraba como si escuchara el ruido del látigo weichweich. Los capataces pusieron al muchacho en el madero de los castigos. Algunos esclavos decían que el madero de los castigos era un ídolo malo que se alimentaba con sus sangres. Fue la primera tarea que recibiste de tu padre: ordenar que azotaran hasta la muerte al pobre Elcana. Que Dios lo tenga en su reino. Desde ese momento en adelante, te hiciste cargo de toda la plantación y evitaste dar castigos severos.

El padre de Elcana fue un esclavo que juraba ser un rey robado de una tribu africana, Asanthi. Quería que lo llamaran Yackalé. Decía que ese era su verdadero nombre. Llegó a estas tierras y alzó en rebelión a un grupo de negros descontentos que lo reconocieron y se inclinaron ante él cuando lo vieron llegar encadenado. Fueron años de muchos intentos de fugas, desobediencias y rebeliones. Dicen que el señor Jonathan Samuels se complació en matarlo a latigazos. El señor ordenó al niño Elcana que viera la ejecución de su padre. Luego, años más tarde, el muchacho sufrió igual suerte que su padre y hasta peor. Su cuerpo azotado fue arrojado a la orilla del río como pasto para los caimanes. Esa última orden la dio el amo Jonathan. Leroy hubiera preferido que lo sepultaran en el cementerio de los esclavos.

El amo por fin dejó de llorar. Pareció sentirse mejor. Caminó y lo seguí. Miré hacia la montaña y levanté la lámpara de gas. Una. Dos. Tres. El amo no me vio y corrí para alcanzarlo y desearle las buenas noches. El señorito Leroy se unió a los invitados. Las criadas en la cocina le avisaron a la ama Lilly que quitó rapidito sus piernas de la cintura de un teniente muy jovencito de la Guardia Real. Entonces arregló su traje y se unió al esposo. Sonreía la descarada. La esposa de Leroy disfrutaba cuando los hombres la cortejaban. A Leroy le molesta su zalamería y su constante pavonearse frente a los caballeros. Dicen que lo hace sentir vergüenzas, pero logra alianzas y tratos importantes en las ventas del café. Nosotros, los criados, sabíamos de sus engaños con otros hombres, pero teníamos que callar. Las criadas nos ofrecían de aquello si manteníamos cerradas nuestras bocas. ¡Y cómo nos gusta el retozo con esas mucamas mulatas que nos hacen cosas tan ricas a cambio de cerrar la boca!

Llegó la noche y la fiesta fue grande. Servíamos los aperitivos, las copas de jerez y vinos que se guardaban para estas reuniones con otros amos blancos. Algunos hacendados cansaban al amo Leroy con halagos hacia su esposa. Otros lo felicitaban porque su cosecha fue muy buena y productiva. Leroy agradecía, pero señalaba a su esposa, la ama Lilly, como la verdadera productora. Decía que sin ella no hubiera logrado el éxito en el negocio. Ella se sostenía de su brazo y decía que su esposo tiene una falsa modestia y que ella solo ayuda como su esposa fiel y principal socia. Así hablan ellos, los blancos, con esa gracia de lengua doble.

La fiesta seguía hasta tarde en la noche. Luego de servir en la casa, algunos criados y yo fuimos a las caballerizas. Allí nos encontramos con los sirvientes de los invitados. Estos negros lucían vestidos limpios y nuevos. Las negras y mulatas eran mujeres hermosas. A estas las traían como regalos o para cambiarlas por algunas esclavas separadas para la mancebía. Engañaban porque parecían negros libertos y algunas de esas mulatas parecían casi blancas porque eran de piel muy clara y sus ojos tenían el verde o el azul de sus padres blancos. Nos miraban con desprecio. Algunos se atrevieron a ordenarnos que diéramos un baño a sus caballos y que limpiáramos sus calesas. Los esclavos de la casa se mostraron prestos y obedientes, pero los detuve. Le dije a los míos que no hay necesidad de llamar a estos negros "Señor", que ellos son lo mismo que nosotros. Le dije que esas tareas tenían que hacerlas ellos y que nosotros serviríamos a los invitados de la fiesta. Un calesero mulato se acercó a mí y levantó el chuzo. Su parejería fue grande. Tal vez era el hijo bastardo de uno de los invitados. Me amenazó con golpearme. Le dije que le rompería el cuello antes de que pudiera levantar el chuzo contra mi cara.

Algo detuvo la controversia. Otros criados de la casa alarmaron a los invitados de la mansión de los Samuels. Encontraron una lanza con un pañuelo rojo hundida en el madero de los castigos. El sirviente Tobías gritó: ¡Los guerreros de La Montaña Azul han bajado para desafiar a su merced! Algunos invitados bromearon, pero Leroy ordenó acabar el festejo y explicó que ya otras haciendas cercanas vivieron la pesadilla que es un ataque de bandas de negros fugitivos. Les contó de Nanny, la mujer cimarrona que manda a las bandas de fugados para que ataquen las haciendas y maten a los dueños. Amo Leroy y su padre prepararon a los invitados para defender la estancia. Dieron armas a todos los hombres, a sus esclavos de confianza y a nosotros, sus sirvientes. Nos dividieron en lugares ocultos alrededor de la mansión. También dieron órdenes de proteger a los niños, a las mujeres y a las señoritas en los cuartos superiores, temiendo que fueran presas fáciles del ultraje y de la pecaminosa concupiscencia. Algunos invitados continuaron bromeando con el asunto de la lanza, pero dejaron de hacerlo cuando el criado Tobías señaló hacia la falda de la Montaña Azul. ¡Antorchas! Los jinetes cimarrones bajaron de la falda de la montaña y acorralaron la casa. Amo Leroy ordenó disparar, pero ellos se movían y se movían en sus caballos. Aquella banda armada se alejó de la casa. Los poderosos señores celebraron la victoria y querían ir tras los atrevidos. Pero Leroy no apartó su vista del rastro de polvo que dejaron los caballos de los fugitivos. Tarde llegó su aviso. Un mandato ordenó atacar como respuesta. Como salidos de la nada, otros jinetes sin antorchas aparecieron disparando sus máusers, esos rifles de la soldadesca británica. Mataron a la mayoría de nuestros invitados. ¡Fue cosa horrible la repuesta de esos cimarrones tan negros como su noche! Los heridos fueron pisoteados por los caballos de los bandidos. Algunos criados corrieron hacia ellos, tratando de pasarse a su bando. No tuvimos que disparar a los traidores. Fueron degollados por los bandidos con armas filosas. La espesura parecía estrangular a los que intentaban penetrarla.

Por fin dieron un alto al fuego de los máusers. Los bandidos se acercaron. Una pareja de jinetes se exhibía en el patio de casa grande. Parecían ánimas en la niebla, y que Dios los reprenda. Una negra bonita de carnes y de largas trenzas sostenía un machete con aplomo. Los miserables asesinos la aclamaban como la Reina de Sheba. ¡Qué herejía! Luego se acercó el jefe, vestido con los brazales de plata que resaltaban en sus brazos. Sonó el "abeng", un cuerno de vaca que los cimarrones usan para llamar a los suyos, y los gritos de triunfo se soltaron de sus bocas. Las mujeres y las niñas en la casa comenzaron a llorar. Jonathan trataba de tranquilizarlas para que no alterasen la furia de los bandidos. Le ordenó que regresaran a sus cuartos y que cerraran las puertas. Prometió que ningún negro apestoso pondría sus manos asesinas sobre ellas.

El líder se acercó al balcón y mostró su espalda llena de cicatrices. Luego cabalgó en su caballo de un lado a otro. Recibía muchas hurras de los suyos. Leroy reconoció aquella forma de cabalgar y aquella fea mirada que desfiguró un latigazo.

— ¡Ese es Elcana! — le dijo Leroy a su padre, casi llorando.
— ¡No, no puede ser! ¡A ese lo devoraron los caimanes de la ribera! ¡Ese maldito debe ser un enviado de Cudjoe o de Coffe! —respondió el amo Jonathan.
—No. Es Elcana. Jamás olvidaría su rostro y su forma de dominar su caballo.

El jefe de los cimarrones levantó su machete y su ejército guardó silencio. Los bandidos mantenían acorralada la mansión. Nosotros fuimos los pocos defensores que quedamos vivos. Empuñamos los fusiles, pero no nos atrevimos a enfrentarlos. Ama Lilly salió al balcón y comenzó a insultar a los bandidos. Le decía que se fueran, que eran sucios, que irían al infierno con todos sus pecados. Entonces se encontró con él. Ella también lo reconoció y comenzó a reír como una loca. Corrió hacia él. Buscó sus pies, intentó besarlos. Tocó sus piernas. Fue un acto humillante y concupiscente y que Dios la perdone. La mirada del cimarrón era como si otra vez castigara a Leroy. Elcana apartaba con desprecio su caballo de la ama Lilly y repitió la misma defensa que gritó hace diez años:

— ¡Yo jamás toqué a esta mujer! ¡No sería suficiente para el hijo de un rey! ¡Soy Ugharé, hijo del rey Yackalé, Asanthi! ¡Llegó el momento para reclamar venganza y devolver humillación a los tiranos!

Leroy ordenó que nadie disparara. Ama Lilly estaba con ellos y no quería que ella fuera lastimada. La mujer llamada la Reina de Sheba le dijo a Elcana que aún tenían tiempo. Le recordó que la Reina Nanny ordenó no piedad para sus enemigos. Entonces Elcana mandó a quemar la casa, quemar los cafetales y liberar a todo esclavo que quisiera seguirlo. Muchos se le unieron. Algunas mujeres y doncellas fueron víctimas de las apetencias más bajas. Hasta Virginia, la hija moza del amo Jonathan Samuels, fue atacada por sus dos mucamas que le devolvieron cachetadas y la deshonra del esputo. Cuando el amo Jonathan trató de detener a las mucamas, negros alzados de nuestra propia estancia lo tomaron y lo amarraron al madero de los castigos. Uno de esos ingratos tomó y ultrajó a la niña Virginia en frente de su padre. Otros se lanzaron sobre el amo Jonathan, rompieron su traje de fiesta y lo azotaron hasta dejarlo como muerto. Leroy y nosotros, sus sirvientes, tratamos de llegar hasta allá, pero no pudimos contra el tumulto que ellos formaron. Tobías intentó rescatar al amo Jonathan, pero cayó partido por un machetazo. Ahora los palos y machetazos salían de los brazos de los propios esclavos de la casa. Los sirvientes de los invitados, aquellos mulatos que nos faltaron al respeto, también fueron asesinados de la manera más cruel. Algunos fueron macheteados sin misericordia y otros fueron degollados y arrastrados por los caballos cimarrones.

Leroy gritó:

— ¡Ya es suficiente, Elcana! ¡Basta!

— ¿Quién es este que se atreve a gritar amenazas y no suplicar por las vidas de su gente? —respondió Elcana.

— ¡Asesinaron a oficiales de la Guardia Real! ¡Ya sus cabezas tienen precio! ¡Huyan mientras puedan! Hay niños y doncellas desfalleciendo de miedo por causa de ustedes.

— ¡Ustedes asesinaron a mi padre, nuestro rey! ¡También trataron de hacer lo mismo conmigo, pero las grandes Loas me salvaron de las bocas de los caimanes para que iluminara a nuestro pueblo! ¡La profecía se ha cumplido! ¡Ahora, perro insignificante, suplica por las vidas que están en tu casa y tal vez decida retirarme!

De inmediato, ordené a los pocos criados que quedaban vivos que bajaran las armas, que hincaran rodillas sin mirarlo a los ojos y que lo llamaran príncipe Asanthi. Así lo hicimos de inmediato. También supliqué a las mujeres, a las muchachas y a los niños que salieron de la casa, que me imitaran. Le pedí que hincaran rodillas. Le dije que, si no lo hacían, morirían a manos de los bandidos. Escucharon mi voz gracias a Dios. Elcana me miró con desprecio, sonó su "abeng" y dio la orden de retirada. Sus jinetes cimarrones se colocaron en formación y se fueron como llegaron, pero con una banda mayor pues muchos esclavos y sirvientes se les unieron en la fuga. Lilly comenzó a reír y a bailar como las negras. Le gritó a Elcana que se la llevara, que ella quería irse con él. No podía ocultar la alegría que sentía al saber que Elcana no murió aquella noche. Su mentira, cuando gritó que Elcana la había tocado en sus partes pudendas, fue un despecho por todas las veces que Elcana ignoró sus reclamos de hembra. Su vestido se manchaba con la sangre de los muertos. Miraba a Leroy y reía, como si quisiera que la fiesta iniciara luego de la matanza. Algunos juraron que era el fin del mundo, el juicio final.

Luego de un rato, una patrulla de la Guardia Real llegó a la estancia. Leroy buscó el camino que tomaron los bandidos para señalarlo, pero los caminos se le trabaron en el dolor y en la espesura. Sintió culpa. Cada vez que recordaras a tu criado muerto, ellos regresarían como fantasmas para encadenarnos a todos con la vergüenza. Ama Lilly reía, parecía como loca. Obligaba a Virginia a bailar en aquel bochornoso acto, pero Virginia lloraba y con sus manos se arrancaba sus cabellos al sentirse forzada y humillada. Algunas criadas ancianas se acercaron para ayudar al amo Jonathan y liberarlo del madero de los castigos, pero soltaron profundos alaridos cuando lo encontraron sin vida. Buscaron mi mirada. Yo les mostré también mis heridas de látigo, las heridas que me gané por defender a Elcana la noche que lo azotaron. Las damas invitadas lloraban por sus muertos. Las que fueron violentadas gritaban por el dolor, el miedo y el asco. Doncellas repetían plegarias en agradecimiento porque el príncipe Ugharé perdonó sus vidas y sus honras como doncellas. La mansión se quemaba con todas sus riquezas y sus secretos. Entonces Leroy gritó, con el mismo llanto que una vez liberó frente al madero de los castigos:

— ¡Elcana! ¡No tenías que tocarla! ¡Ella es mi esposa!

Sustento
La historia de Behafré, el hijo de los
errantes y la hermana Pantha
(III)

Siento sombras en la bóveda de la nave extranjera. No son ninguna de nuestras sombras protectoras, sino sombras extrañas que vuelan en círculo para luego caer y devorar nuestros vientres. Viajamos bajo la lluvia. El relámpago y el trueno, tal vez la voz colérica de Changó, marcan el camino para esta nave de muertos vivos. Mi memoria resucitó, en medio del sueño y la luz del relámpago, la historia que me regaló el gran sacerdote y maestro griott, la historia de Behafré y la majestuosa Pantha:

El niño Behafré se alejó de la aldea para celebrar el mundo de cosas grandiosas que le ofrecía la sabana. Corrió hasta dejar atrás las altas chozas de su aldea. Vio los caballos del reino de Ifé. Sumamente veloces, esos caballos hundían sus poderosos cascos sobre la tierra y cambiaban sus pelajes oscuros por el color del oro. También vio de lejos a los majestuosos tantores, con sus trompas largas y sus orejas de abanico, buscando agua por la sabana. Los tantores protegían a sus pequeños de las bestias cazadoras, colocándolos en medio de la manada. Observando la protección que los tantores dan a sus críos, Behafré recordó una lección primaria que aprendió en sus primeros años: "No te alejes de tu aldea ni te separes del camino; somos manada y entre nosotros siempre tendrás protección". También disfrutó de los preciados frutos de Alcahaba, aquellos que le devolvían el aliento con tan solo comer algunas de sus bayas.

Más allá, cerca del río, escuchó un rumor lastimero, como el aullido de las bestias cuando agonizan. La hermana Pantha, hermosa de ojos y piel, cayó en una trampa de troncos afilados. No podía moverse porque los troncos cortaban su piel cubierta de noche. Sangraba. Behafré sintió compasión por ella y quiso ayudarla. Se acercó lentamente. Ella abrió su garra para defenderse, pero los filos la cortaban y volvió a rugir por el dolor. Behafré entonces le habló:

—Tranquila, hermana Pantha. El Gran Espíritu de los Cielos me envió para ayudarte.
—Mirada: ¿Vienes a quitarme la vida para vestirte con mi piel?
—Tú y yo somos lo mismo. Déjame ayudarte, hermana. Déjame liberarte para que regales tu sombra a la noche infinita y la tierra produzca con el polen sagrado de tus garras – le aseguró el niño con voz firme.

—Mirada: Hijo de los errantes, no te suplico. Si es bueno a tus ojos, tuya es la decisión. Eres cachorro. Si tratas de arremeterme para robar mi piel, podría derribarte y comer de tus carnes, aunque estoy herida.

—La voluntad del Gran Espíritu es que sigas con vida, hermana Pantha. Te honro y respeto.

Behafré comenzó a quitar lentamente los troncos filosos de un lado de la trampa hasta formar un camino despejado. Pantha salió por el camino abierto de aquella cruel jaula que sembraron los cazadores extranjeros. Behafré la siguió. Pantha dejaba su sangre y sus huellas sobre el barro en el camino del gran río. El niño tomó barro y lo colocó suavemente sobre sus heridas. Pantha lo miró agradecida.

—Mirada: Hijo de los errantes, hago un pacto de hermandad contigo y lo sello en gratitud con mi sangre.

—Vive, hermana. Deja el barro sobre tus heridas. Las bestias te buscarán porque apetecerán tu cuerpo sangrante y el barro las engañará. El barro es milagroso y mágico. Te sanará pronto.

Behafré la observó. Adolorida, cansada y hambrienta, Pantha comenzó a correr con dificultad hasta perderse entre las sombras del atardecer. Ante la voz del niño, un rugido respondió y se mezcló con otras voces de la sabana.

El valeroso muchacho corrió una gran distancia hasta que regresó a su aldea. Llegó sano y salvo a la choza de su familia. Fue castigado, sin embargo, la reprimenda no lo desalentó. Contó emocionado a sus padres, a sus hermanos mayores y a sus maestros lo que hizo para ayudar a la majestuosa Pantha. Los ancianos y sabios de la aldea ordenaron al padre de Behafré que tallara la historia del niño en el escudo de su primera cacería, cuando el joven estuviera preparado.

Pasaron muchas lunas. Behafré había crecido. Pronto tendría la edad para unirse a los guerreros y a los cazadores. Ya miraba con interés para desposar a la hija mayor del sacerdote y guardaba presentes que se ofrecen cuando se efectúa el compromiso. Fue iniciado, circuncidado con la hoja de piedra azul. Sobrepasó los días de la cuarentena y continuó ayudando y aprendiendo de sus padres y de sus hermanos.

El anciano Bohopa tenía su choza en la entrada de la aldea. Perdió su vista en una batalla por el veneno de una cerbatana enemiga. Sin embargo, era el mejor vigía para proteger al poblado. Le llegó un rumor del otro lado de la sabana.

Lanzó su bastón sobre la tierra y luego colocó su mano. ¡Peligro! ¡Los hermanos búfalos corrían en estampida hacia la aldea! La voz de Bohopa alertó a todos los aldeanos. Algunas mujeres tomaron la delantera y subieron a sus caballos, luego hicieron lo propio los pocos guerreros que quedaron y los jóvenes porque los demás estaban en cacería. La madre de Behafré avisó que la estampida de los hermanos búfalos ya se asomaba sobre la aldea. Si no actuaban pronto, se perderían muchas vidas. La estampida era muy grande. Tal parece que se unieron varios clanes para emigrar hacia fuentes de agua y mejores pastos. Behafré también subió a su caballo y cabalgó junto a su madre para tratar de desviar la gran serpiente de cuernos que hacía retumbar la tierra como el trueno de las temporadas grises. Los jinetes no eran suficientes. Los pequeños quedaron resguardados con sus abuelas y tías en las chozas más fuertes. Esas chozas tenían huecos debajo del suelo, aunque esos refugios a veces no ofrecían un verdadero resguardo. Manadas de búfalos sepultaron por entero a poblados vecinos que sucumbieron bajo sus afiladas pesuñas.

Fue gran asombro para Behafré y los suyos escuchar fuertes rugidos que salían de los arbustos a este lado. Cinco Panthas rugían y corrían hacia los hermanos búfalos, logrando que cambiaran el rumbo opuesto a nuestra aldea. Perecían ordenar a los búfalos que se alejaran de nosotros. Behafré, su madre y los otros jinetes se unieron y completaron el trabajo de desviar la estampida. Las gentes en la aldea celebraron y dieron ruegos al Gran Espíritu de los Cielos. Behafré reconoció a la hermana Pantha. Su cuerpo pintado de luna aún tenía las heridas de la trampa, pero guiaba con ligereza a sus hermanas para desviar aquella caravana de muerte que les advenía a los aldeanos. Los hermanos mayores de Behafré se armaron de sus lanzas para ir tras las Panthas, pero Behafré los detuvo y comenzó a caminar hacia ella. Por fin, los amigos se encontraron.

—Hermana Pantha. ¡Gracias por salvar a mi pueblo! —le dijo, acariciándole el lomo.
—Mirada: Mi pacto es contigo para siempre, hijo de los errantes.

Los búfalos de la retaguardia buscaron a los primeros. Prosiguieron su impetuoso y rápido viaje, alejándose del poblado. Pantha y sus cuatro hermanas lanzaron feroces rugidos y desaparecieron nuevamente entre las sombras y los arbustos de la sabana. El anciano Bohopa declaró a toda la aldea que Behafré trajo bendición al poblado a través de sus hermanas felinas y esa bendición protegería a la aldea por muchas generaciones.

Desperté y me pareció ver los ojos de las Panthas en la oscuridad de esta trampa salada y crujiente. Eran las hijas de las tribus que, utilizando sus manos como vasijas, me dieron agua de los cielos para beber y también la derramaron sobre mi cuerpo herido. Las trajeron de vuelta, pero dejaron arriba a la princesa. Ellas limpiaron mis heridas como madres y hermanas. Sentí el filo del agua tratando de traspasar mi piel y recordé el dolor de Pantha en la trampa de los troncos afilados. Agradecí a mis hermanas. Ellas decidieron darme su agua del cielo antes que limpiar sus sayas ensangrentadas y sus cuerpos del infiel e inmundo ultraje con el que marcaron sus carnes. Ellas elevaron una plegaria sobre mí y también incluyeron a la princesa que aún sufría bajo los cuerpos apestosos de las hienas.
¡Bendita sea la bondad de estas valerosas mujeres y que Yemayá les otorgue un pronto descanso en el inmenso lago salado!

Me llaman Zabeth, pero ese no es mi nombre
Martinica
(1755)

"¿Quién y quiénes somos? ¡Admirable
pregunta!
A fuerza de mirar los árboles me transformé en
un árbol
y mis largos pies de árbol han horadado en el
suelo
anchas bolsas de veneno altas ciudades de
osamentas
a fuerza de pensar en el Congo
me he transformado en un Congo zumbante de
bosques y de ríos."

« *Cahier dun retour au pays natal.* »
Aimé Césaire

Me llaman Zabeth, pero ese no es mi nombre. Mi verdadero nombre pertenece a mi memoria, a la patria lejana y a las leyendas grandiosas de mi tribu. Me llaman Zabeth. También me dieron el nombre de esclava y me enseñaron que pertenezco a los blancos. La señora ama, que no es mi ama, protestó cuando me enviaron a trabajar a la casa grande; pero el señor amo, que no es mi amo, me encomendó como su sirvienta. Me decía que ser sirvienta era mejor que trabajar como bracera en los campos de las cañas, pero yo no quería abandonar a mis hermanos del campo.

En mi patria, las mujeres de mi tierra no son como las mujeres de la casa grande que se pintan con colores y se bañan con aguas de fragancias que asemejan al olor de las flores. Mi olor es mi olor, me lo regaló el cielo. Y gusto tanto a negros como a blancos. Mi madre y mi abuela fueron mis maestras. Las maestras son sagradas en mi tierra. Nosotras, las mujeres de la tribu, escogíamos a los guerreros para desposarlos. Ellos tenían que mostrar sus dientes, sus galas, sus pendientes, sus colores de guerra y las historias de sus ancestros escritas en sus escudos. Tenían que ser cazadores hábiles. Y si el guerrero no cumplía con su voto, podíamos escoger a otro, uno que honrará a su parentela, a su linaje y al nuevo clan que formaría junto a la mujer que lo elige.

En estas tierras nuestras mujeres son forzadas en la cama o en los cuarteles por los señoritos, por el amo, que no es el amo o por los capataces enemigos. Luego nos ofrecen a los sirvientes leales de la casa grande. Fui ofrecida a Nícolas el calesero, pero él me rechazó y me llamó díscola. Aprendí que díscola significa negra revoltosa. Me alegré. No quería ser la mujer de un sirviente.

Recuerdo la primera vez que escapé. Corrí con los hermanos Maboso. Los blancos los llaman gemelos. Maboso significa en mi patria "cuajado de frutos". En mi tribu los hermanos Maboso son sagrados y son un escudo protector. Es como recibir la manta con las pieles de dos leones que te protegen de los elementos hasta en tus sueños. Tratamos de huir por el camino del gran río, pero los capataces de la hacienda vecina nos atraparon y nos devolvieron a esta hacienda. Fuimos castigados frente a todos nuestros hermanos. Mi castigo no fue tan severo.

Una negra dijo que los hermanos Maboso me arrastraron por la fuerza. Lo negué, pero me azotaron con el látigo diez veces. Los muchachos casi mueren por los azotes. Los azotaron mucho. Así nos enseñan a contar, tenemos que contar los azotes y si lo hacemos mal, ellos empiezan con el primer azote. Pasaron muchos días y no volví a ver a los hermanos Maboso. Los separaron y los vendieron a diferentes haciendas.

La segunda vez que me fugué, me vestí con el traje de la señora ama, que no es mi ama. Me escapé en la noche, pero el traje estorbaba mis pasos. Los perros del capataz me derribaron. Me mordieron en mis brazos y manos. Los blancos se burlaron de mí. Me llamaron "Zabeth Loca". No entendieron que el robar el vestido de la mujer significó mi sentencia de muerte para todos. Me volvieron a dar azotes. Esta vez recibí veinte. El amo dio instrucciones al capataz de no azotarme las nalgas, ordenó que recibiera el látigo en la espalda. Luego me encadenaron al molino. Estuve allí por tres días con poca agua y pan rancio. El amo que no es mi amo, me curó las mordidas de los perros, pero me colocó la máscara de acero. La máscara de acero se la ponen a mis hermanos para que no se coman las cañas de azúcar. Me advertía que regresaría a trabajar al campo. Los blancos se enfurecieron cuando tomé las cadenas de la máscara de acero y con ellas hice música para bailar mi calindá. Entonces, en secreto, me rompí dos dedos de mi mano derecha. Lo hice para no trabajar en el campo de las cañas.

Una noche me visitó Babaina, la única negra a quien se le permitió usar su verdadero nombre. Es la cocinera en la casa grande. Ella se muestra servicial, pero se rumora entre sus negros leales que sirve de espía a los cimarrones del otro lado de la calzada. Me trajo agua y carne, pero no pude comer la carne por la máscara de acero. Me llamó "Su Niña", no como las otras negras que me llaman "Zabeth Loca" al igual que los blancos. Me habló del sonido de los caracoles desde el más allá. Esa noche me contó de Gabriel, el líder de los cimarrones. Me habló del Poblado Libre que está al otro lado de la calzada, en la montaña. Ella me explicó lo que significa ser un cimarrón. Me dijo que la próxima vez que escuchara los caracoles, era la señal para correr hacia la calzada y que Gabriel me ayudaría a escapar. Babaina me dijo que Gabriel ya me conoce, aunque nunca me ha visto. Ella abrió mis ojos. Le prometí que regresaría a buscarla.

Babaina soltó una carcajada que me hizo recordar las carcajadas de mi abuela. Me dijo que ella era muy vieja para correr, pero me aseguró que yo sí podía escapar.

Esa noche soñé con el Poblado Libre y sentí que el rocío de la sabana en la Tierra Madre mojaba mis piernas y mis partes, hasta la entrada de mi ombligo.

Pasaron dos días y dos noches. Entonces, el amo que no es mi amo, regresó al molino en la oscuridad. Llegó solo. Me quitó la máscara de acero y me lanzó al pajonal. Me ordenó que fuera obediente. Repetía que no podía dormir porque pensaba mucho en mí. Se me tiró encima. Su aliento olía al licor de las tabernas, el mismo licor que toman los capataces antes de forzar a las niñas negras y hasta a sus propias hijas bastardas nacidas de sus criadas. Traté de zafarme de sus manos. Él reía y me decía bajito: "¡Obedece, Zabeth Loca, obedece!" Yo movía mis brazos hacia atrás. El amo, que no es mi amo, me rompió el vestido. Escuché el sonido de los caracoles y luché con más fuerza. Le aruñé la cara. Él golpeó mi nariz y sangré. Algo frío se pegó a mi mano derecha, la mano que me dañé para no trabajar en las cañas.

De nuevo escuché los caracoles más cerca. Corría hacia la calzada. Los cazadores y sus perros me seguían. Mi mano derecha, la mano herida, sostenía la máscara de acero. La máscara estaba ensangrentada. El vestido roto ya no me detenía. Corría libre en enaguas, como las gacelas de la sabana. Subí hacia la calzada. Ellos gritaban ese nombre, que no es mi nombre. Me detuve en lo más alto y los miré de frente para enseñarle la máscara de acero. Por primera vez grité mi verdadero nombre, el nombre con el cual fui bendecida en el corazón de mi tribu. Ellos no se dieron cuenta que Gabriel y los cimarrones esperaban con sus machetes a cado lado de la calzada. Y así me aseguré que ese nombre, el mío, fuera lo último que escucharan tanto cazadores como sus perros antes que llegara el amanecer.

Cangrejos
Puerto Rico
(1797)

"Cuando del Morro salía en marcha pol to San Juan,
mujerej y hombrej gritaban: ¡Que chechej son suj cadetej,
su cadetej de coló! Ej la mejor compañía, la del Capitán Muñoj."

Los cadetes de color
Fortunato Vizcarrondo

Mi nombre es Eleuterio Lerter, cabo mulato de la Compañía de Morenos, adscrita al cuartel de Puerta de Tierra. Este vuestro servidor, junto a otros corresponsales a guerra, tuvimos la encomienda de registrar los acontecimientos que iniciarían en esta ciudad que juramos defender con valor y con la ayuda de Dios El Padre.

Soy mulato liberto. Mi libertad la pagó mi madre con trabajo. Mi madre era negra liberta, pero pagó la dotación que debía por mí y por mis dos hermanos pequeños. Mi padre no nos dio la libertad, pero nos dio parcelas y nos enseñó a leer y a escribir. Mi padre quería que yo sirviera como diacono del párroco. Yo me hice infante de la Compañía de Morenos. Así que recogeré los recuentos de la defensa contra los invasores sajones y que así me ayude el Padre Celestial:

Apuntes sobre el tercer ataque inglés a la ciudad de San Juan de Puerto Rico (1797)

Como ya fue harto conocido, una flota inglesa intentaba tomar por asalto a nuestra ciudad y luego a toda la isla de San Juan de Puerto Rico. La novedad corrió por todos los pueblos y aldeas. Regimientos llegaron de los cabildos para reforzar la defensa. Tanto las gentes acaudaladas de bien, así como las de humildes oficios, se refugiaron en los predios del hospitalario campesinado. Otras gentes llegaron hasta la Catedral y desde allí iniciaron, dirigidos por nuestro amado Obispo, la Rogativa, para que el Señor y nuestra Virgen Santa nos libraran de ese terrible animal que asomaba sus buques frente a nuestras playas. Triste espectáculo nos fue servido cuando contemplamos a la ciudad de San Juan tan atribulada por el miedo, apagada en oscuro resguardo. La incertidumbre incendiaba los vientres vacíos y abruma nuestros corazones. La ciudad parecía, a fe mía, arrasada por los siglos.

Llegamos al poblado de San Mateo de Cangrejos. Con fidelidad pura y tintero admirado, testificamos como fue alistada y reagrupada la famosa Compañía de Morenos Libres, compañía auxiliar de infantes y artilleros a la cual pertenezco. La mayoría de nosotros tenemos origines humildes. Muchos de mis hermanos en armas son descendientes de esclavos fugados de otras islas. Otros, como es mi propio asunto, somos naturales del país. De excelentes hábitos y de buena disposición, nosotros y otros más jóvenes lucharíamos por esta patria, por España y por nuestros propios nombres manumisos.

La Capitanía General no otorgaba rangos a los llamados morenos, pero en los cuerpos de milicias disciplinadas si era permitido que la oficialidad otorgara rangos, aunque transitorios, únicamente durante el transcurro del hecho de armas. Así que sobre Pedro Rivas recayó el rango. Este joven es natural de la aldea de San Mateo. Herrero de oficio. Estaba casado con una muchacha, también liberta, quien pronto le daría su primer hijo. A este Rivas se le asignó un segundo oficial, el cabo Ambrosio Berrocal, mulato criollo, hijo natural nacido en Bayamón.

Llegó el día esperado. El alto mando ordenó a la Compañía de Morenos que protegiera la retirada de los aldeanos y resistiera en posiciones defensivas. La estrategia consistía en ganar tiempo en el casco de la ciudad para redoblar la acumulación de pertrechos, armamentos y tácticas; además, se pretendía ganar tiempo para que llegaran los escasos refuerzos de los cabildos distantes. Y al redoble de dos tambores, uno marcial y el otro africano, marcharon nuestros caballeros de la plebe a enfrentarse a los más de tres mil atrevidos del General Abercromby.

Britania atacó con violencia los cuerpos de defensas y las partidas del regimiento fijo que no tardaron en contestar el fuego a discreción. Los escuadrones encontrados en Puerta de Tierra disparaban bajo las más agrias maldiciones que pudiera proferir inglés o castellano alguno. Como gaviotas de rojas casacas, los ingleses intensificaron su avance que se convirtió en rápido asalto. Desafortunadamente, un grupo menor de nuestros milicianos de Cangrejos fueron alcanzados por la metralla que les mató o los incapacitó para el combate. Registro algunos de sus nombres y que así conste en este documento, corroborado por los informes oficiales:

1. **Aldo Bouckman**
2. **Orlando Ayala**
3. **Blas, Negro Blas**
4. **Diego Cepeda**
5. **Evaristo Padilla**
6. **julio Pimentel**
7. **¥**

¥Los nombres completos de la lista de milicianos muertos o heridos en combate no figuran en su totalidad en este documento. La lista de los milicianos, a fe mía, se completó en su totalidad, pero el resto de la lista con los nombres de nuestros héroes fue arrancado del legajo original. Hago constar esta observación hoy 27 de mayo, año de Nuestro Señor, 1797.

Mientras tanto, en la aldea de San Mateo, casi desolada ante la agresión armada, una muchacha intentaba parir a su primer hijo. La madre de la muchacha y una partera le daban asistencia en aquel rancho, donde también descansaba la herrería de la aldea. Las condiciones eran desfavorables para que naciera el pequeño, pero es harto conocido que nuestras mujeres pueden parir por sí mismas en las orillas de los ríos. La partera la apremiaba, diciéndole: "Puja fuerte, mija, que si no lo pare ahora se te muere a la anochezca". La madre de la muchacha le colocaba trapos húmedos en la frente y susurraba ruegos hacia el cielo. Escuchó pasos cercanos. Su instinto maternal la obligó a empuñar un machete y colocarlo bajo sus asentaderas.

Los ingleses acostumbraban a entrar a las casas de los territorios conquistados y pasar por las armas a todos los civiles indefensos que encontraban. Esa fue su marca de dominio para aterrorizar a los pueblos conquistados.

Un fuerte alarido se imponía sobre el estruendo de los morteros. La partera comenzó a reír, secándose el sudor con la manga de su vestido. El fuerte alarido de un recién nacido apagó los temores de la madre que ahora lloraba de alegría.

La orgullosa abuela tomó a su nieto, lo besó y dijo: "¡Nació el hijo del herrero! ¡A coger yunque y martillo que brazo tiene!" Y de prisa salieron las tres mujeres. La madre llevaba al recién nacido en sus brazos. Los infantes ingleses iban a su encuentro. La abuela levantó el machete y la partera empuñó un palo para enfrentar a los invasores. Actué con rapidez. Cerré mi cuaderno de apuntes y abrí fuego con mi fusil para despistar a los desgraciados. La familia se desvió ante ellos. Los invasores trataron de atraparme, pero los dejé atrás y seguí disparándole desde lugares de difícil acceso.

Regresé a la playa abierta para seguir escribiendo sobre los acontecimientos de aquella batalla en donde se nos iba la libertad y la vida. En lo más intenso del combate, cuando los confiados enemigos ya se declaraban soberanos del terruño agredido, un potente mandato estremeció las guaridas de los jueyes y las trincheras del arenal. Bajo las órdenes del Comandante de Córdova, salió el sargento Rivas y tras él, la sólida defensa de la Compañía de Morenos de Cangrejos que se desplazó como un solo hombre para ofrecer un contraataque magnifico. El valeroso mancebo gritaba en arenga: "¡Adelante, prietos bravos, adelante que los ingleses ya no tienen aliento!"

El cabo mulato Ambrosio Berrocal levantaba a sus compañeros heridos y les recordaba: "¡A darle leña, mis hermanos, que vienen a ponerte máscaras de hierro pa' que no te comas las cañas de azúcar! Rivas, a la cabeza, esgrimía su espada y disparaba su pistola con puntería sobresaliente. El fuego de sus escuadrones era certero, logrando blanco fácil en las compactas divisiones que perdían la playa, una playa que nunca fue concedida, ni por un ápice, a semejantes bastardos. El machete cortaba más piel que caña en la zafra. La cruenta Britania fue detenida. Su paso fue malogrado ante la acción enérgica de todos los defensores. Finalmente, quedaron nuestros enemigos atrapados entre las baterías de nuestros fuertes y los cañones de buques franceses anclados en el puerto y que fueron aliados oportunos. Los Morenos rescataron lugares estratégicos, todos firmes ante los intentos fallidos de la destructora Albión. Abercromby y sus sorprendidos oficiales llegaron a la conclusión de que no podrían sobrepasar nuestra primera línea de defensas y ordenaron la retirada. Si supieran que esa fue nuestra única primera línea de defensas y que, con insistencia, pudieron prevalecer. Pero el valor de los hijos de esta tierra fue superior que los colmillos de la codicia.

Los bravos de Cangrejos regresaron en gran comparsa, sonando sus tambores de sonido africano. La esposa del sargento Rivas lo esperaba en la entrada del rancho. El recién nacido se apostaba en el seno caluroso de su madre. El herrero abrazó a su mujer. Luego tomó en sus nervudas manos a su primogénito, alzándolo bien en alto, como acostumbran nuestras gentes con sus críos, interpretación mía, como un gesto de agradecimiento a Dios por la bendición recibida.

Luego de este gesto patriótico y leal, pensé en la Rogativa que organizó el amado Obispo. Me dije a mí mismo que no fue la Rogativa la que salvó a esta isla. Más bien, fue la valentía de estos hijos y su integridad para oponerse a los invasores, superiores en tácticas, armamentos y número. La Rogativa fue un acto de fe y se reconoce tal devoción. Pero fue la sangre, las heridas, las almas ofrendadas en la batalla lo que nos devolvió a nuestra amada San Juan de Puerto Rico. Solicité a nuestro Gobernador y a los intendentes que otorguen un reconocimiento público a esta milicia disciplinada, punta de lanza en la defensa contra el enemigo. Además, que se restituyan los nombres de los paladines caídos en combate que se desprendieron de este informe, escrito por este, vuestro servidor. Y que se otorguen recompensas en oro y plata a los combatientes y a las familias de los caídos. Espero que este escrito dé a conocer la gesta brava de mi gente en el campo de batalla y que todos sepan que nuestra libertad va acompañada con el patriotismo y el valor que derramamos en este amado suelo.

Escribe Eleuterio Lerter, cabo de la Compañía de Morenos adscrita al cuartel de Puerta de Tierra. Destacado en el escenario de batalla como corresponsal a guerra. En estos momentos, sufro detención en la Fortaleza de San Felipe del Morro por presuntas acusaciones de robo. Alegan que robé unas gallinas del respetado Abad. Mis vecinos y el Abad saben que pesco tiburones y que en mi batey tengo un sembradío y gallinas en gran cantidad. No tengo necesidad de robar porque siempre he procurado el sustento de mi familia con trabajo diligente, como así también lo hace la gente de toda nuestra comunidad.

Mi sentencia ya fue proclamada como edicto público. Seré fusilado al amanecer... por robar las gallinas del Abad.

Ti Marie, Adelaila y el Coyote
Trinidad y Tobago
(1785)

"Dear Herod: I live yet you prefer me dead.
What is my offence? Or better, what do you
dread? Today, I refuse your grave. I sleep
now to dream myself a God. When I awake,
think of me as your breath."

To the executioner within
Jennifer Rahim

Primero fue Elda. Luego Kaisy. Fue un día como hoy, 20 de enero de 1785, año de Nuestro Señor. Elda murió estrangulada. Kaisy también, un año después. El amo las usó como mancebas y después las mató. El amo explicó al juez que fue un accidente, que las muchachas murieron por un accidente porque robaron botellas de ron, que las tomaron sin su permiso y se alejaron de casa grande. Entonces echó la culpa del asesinato a un esclavo fugitivo a quien llaman Breda. Como siempre, miente.

Cuando me envían al mercado de Puerto España escucho voces que parecen palabras de sabiduría, la sabiduría viva de los ancestros. Me dicen que camine hacia allá. Llego al puesto de la vendedora de piñas para refrescarme. La conozco desde que yo era una niña. Ella me ofrece un trozo dulce. Me dice que conoció a mi madre y me cuenta como el padre del Coyote, el amo Jeromme, la vendió a otra hacienda porque no quiso acostarse con él. La vendedora de piñas me cuenta que la señora de la casa, la señora Abigail, fue asesinada también cuando trató de defender a las esclavas de los abusos del Coyote. Me asegura que mi hermana Adelaila será la próxima.

Me pregunta qué haré para defenderla del asesino. No sé qué responderle porque no puedo contra el amo. Ella me recuerda que hice una promesa a mi madre de que protegería a mi hermanita menor. No todos creen el cuento del esclavo fugitivo. Quiero pagarle por la piña, pero ella rechaza mis monedas. Me despido de la vendedora de piñas, recojo las especias que compré para la cocina de madame Cele y camino rapidito de regreso a casa grande. No avanzo mucho por mi defecto: una pierna más alta que otra. Los caleseros me gritan coja. Los soldados me gritan coja. Quisiera gritarles en respuesta, pero he aprendido a guardar silencio y evitarme problemas. Continúo caminando rapidito hasta que llego a casa grande. Estoy adolorida porque caminé mucho. Entro a la cocina y le dejo a madame Cele las especias y las monedas de cambio. El amo Jeromme ríe y anuncia en la sala que Adelaila será la invitada de honor en su habitación. Siento que me muero. La vendedora de piñas decía verdad y el trozo de piña en mi panza me arde como la marca de la carimba que llevo en mis nalgas desde niña. Mi hermana será la próxima. Así fue con las otras muchachas. Primero fue Elda. Luego Kaisy. Pobrecitas. Ahora mi hermana Adelaila tendrá que irse al más allá, manchada y humillada hacia la tierra de los ancestros.

El maldito celebra la muerte de la señora Abigail matando a una esclava cada año. Nadie lo acusa porque repite el cuento de Breda, el esclavo fugitivo. El amo obligó a los esclavos a mentir. Breda, el fugitivo, defiende a los negros y a las negras de los abusos de los amos. Por eso lo culpan, para que lo atrapen y le den la sentencia del garrote.

Llega la noche de luna llena que alumbra todita la costa. En esas noches los sirvientes trabajan hasta tarde en casa grande. Suenan las mesas, las copas, las vajillas con banquetes adobados con el toque de madame Cele. No tenemos miedo a morir. La muerte es la carroza que nos regala El barón para regresar a la tierra de los ancestros. Sentimos miedo de la humillación, de que nos llenen de la savia venenosa del hombre malo, del Coyote, como lo llamó la vendedora de piñas en el mercado de Puerto España.

—Muchacha, ¿Qué haces ahí? Busca los manteles que esta noche hay fiesta en casa grande - me grita madame Cele.

Miro su cara. Madame Cele ha cocinado al gusto, pero con muchas lágrimas bajándole por las mejillas. Busco los manteles y la voz de la vendedora de piñas se mete en mis oídos como el murmullo del mar. Hoy es jueves, jueves sagrado, como me enseñó mamá. Dambala estará de nuestra parte. Entonces, tomo una hoz de la casa de herramientas de los esclavos de campo y la escondo entre los manteles. Los capataces me recuerdan que soy coja y me gritan perezosa, que regrese a la casa grande. Obedezco y entro rápido a la casa. Dejo uno de los manteles cerca de la habitación del amo Jeromme y los otros los entrego a madame Cele. La segunda sala se abre y el amo comienza a probar los bocadillos y a tomar su licor. Los niños no prueban bocado y lloran para que el amo los deje en sus habitaciones.

El amo Jeromme nos obliga a bailar con los sirvientes y caleseros de casa grande. Algunas esclavas quieren olvidar. Se van con los esclavos del campo para los cuarteles y allá se ofrecen. Ellos se aprovechan de ellas porque están borrachas y las llenan del deseo. El amo Jeromme ríe y levanta su copa. Ordena a los sirvientes que se retiren. Esta vez el amo deja que sus niños regresen a sus habitaciones. 'Es el momento'. Me parece escuchar la voz de la vendedora de piñas y algo me dice que la obedezca. Salgo de la sala de banquetes. Tomo el mantel que dejé en el suelo y entro a la habitación del amo Jeromme. Me escondo en las cortinas de la ventana y espero. Al rato escucho su risa y los llantos de Adelaila. El amo entra primero y trae a rastras a mi hermanita. La deja en el suelo.

—Ni siquiera eres tan bonita para tomarte en la cama—le dijo.

— Por favor, su merced. Tenga piedad de su sirvienta—le dijo la pobrecita.

—Será rápido, si no te resistes. Tienes mi palabra—respondió el maldito.

Entonces cayó sobre ella y comenzó a sujetarla por los brazos. Mi hermana no dejaba de llorar y le suplicaba que tuviera piedad, que el niño Jesús llora cuando hacen esas cosas malas. Él no la escucha y comienza a romperle el vestido de encajes. "Es el momento". Esta vez, la voz fue la mía. El mantel quedó en el suelo y la hoja de la hoz brillaba en mi mano. Abandono mi escondite y camino hacia ellos. Le decía: "quieta, quieta que pasará pronto". Me acerco. Adelaila abre sus ojos cuando me ve detrás del Coyote. Le pido un ssshhhh. Ella me entiende, sube las piernas y le sujeta la cintura. El amo Jeromme ríe y le dice: "Eso, eso. Así me gusta" Levanto la hoz y la canción de mamá me sube por la garganta junto con el jugo de la piña que me quema la boca:

¡Hoy es noche de pesca, hermana!

¡Es noche de pesca y la luna nos indica el lugar
de la carnada!
¡Atrápalo en tus piernas que el gran anzuelo se
encargará del resto!
Somos pescadoras de Dambala, hermana.
¡Pescadoras de Dambala hasta el final de los
tiempos!

El grito del amo Jeromme fue casi nada.
Pareció una novilla sacrificada cuando el filo le
abrió la espalda. Adelaila lo sujeta con sus
piernas con más fuerza. Abro otro surco con la
hoz que corta la yerba. Sus ojos buscan la
mano que lo parte con gusto. Trata de
mirarme, pero camino hacia el otro lado para
que no pueda ver mi cara. Levanto a mi
hermana del suelo, salimos de la habitación y
comenzamos a correr hacia el patio de casa
grande. Cruzamos el riachuelo y llegamos al
acantilado frente al mar. Este es el lugar donde
ocurrió La masacre de la arena. Esa historia me
la contó mamá. Los nativos dieron muerte a los
monjes que los obligaban a la esclavitud y a
rezar al dios de los blancos. Cuando el ejército
español trató de atraparlos, ellos se lanzaron
desde el acantilado, desde aquí, desde estas
rocas que pisamos. Ahora Adelaila y yo
haremos lo mismo. Los peones y negros leales
al Coyote corren hacia nosotras y gritan que
quieren nuestras cabezas. Tomo la mano de mi

hermana Adelaila. La vendedora de piñas sigue hablándome. Ambas saltamos y caemos en las aguas saladas de la mar orillera. Los gritos y maldiciones se dejaron de escuchar porque el sonido del agua fue más fuerte. Los leales al Coyote creyeron que morimos en ese salto. Lo que no saben es que Adelaila, Kaisy y yo conocíamos el lugar donde el agua es más honda y nos bañábamos allí, a escondidas de mamá.

Todo pasa, como pasaron los españoles, los ingleses, los holandeses y letones por esta tierra. Luego de la caída, fuimos salvadas por un pescador, un negro liberto que nos subió a su barca y nos escondió entre sus redes de pescar. Nos llevó hacia la otra isla y nos dejó en su pescadería. Se llama Aldo. Nos ofreció un cuartel para dormir, ropa seca y nos dio trabajo. Al principio, el olor de los pescados me daba asco, pero me fui acostumbrado y aprendí a reconocerlos por sus aletas, espinazos y sabor. Con el tiempo fui la esposa de Aldo y su socia en la pescadería. El negocio de la venta de pescado fue muy bueno. Aldo quiso abrir una pescadería en la otra isla. Sentí un poco de miedo, pero ya había pasado mucho tiempo desde que huimos de Casa Grande. Para los empleados y sirvientes,

Adelaila y yo somos esclavas muertas y enterradas en lo profundo del mar.

Regresamos a Puerto España. Adelaila, soltera, caminaba como toda una hermosa mujer que llamaba la atención de mozos y señores. Yo caminaba orgullosa junto a mi esposo, el pescador. Ya no cojeaba. Aldo pagó a un zapatero para que me construyeran unos zapatos para mí. Ahora mis pasos son iguales. Tal vez fue por eso que no me reconocieron. No escuchaba las voces sabias de los ancestros hasta ese día. Me separé por un momento de Aldo y de Adelaila y busqué a la vendedora de piñas. Allí estaba, siempre sonriente en su puesto de venta. Sus trenzas ya tenían el color de la plata. Su hermoso vestido de encaje amarillo iluminaba su piel muy poco dañada por los años. Se puso de pie. Me saludó y me abrazó. Me llamó Hija de Dambala. Me dijo que la Casa Grande ya no existe y que todos se fueron. Me ofreció nuevamente la fruta fresca y aromática. Agradecí su regalo y cuando la llevé a mi boca, fue la cosa más dulce que he comido en toda mi vida.

Travesía
(IV)

¡Entre las sombras se me presentó la figura de una mujer! Tenía una máscara que le cubría el rostro. Sentí temor porque la máscara parecía un adorno de los enemigos tribales. Ella me dijo que no temiera y acarició mi vientre. Me inició en el amor, guiando mis manos hacia su figura de reina. Sentí que le pertenecía por siempre, que era de su propiedad, olvidando por completo mis cadenas, mi ascendencia y dinastía. Su cuello, la belleza, lo dejaba al alcance de mi boca. Sentí que mi semilla se depositaba en el interior de sus caderas duras. Luego, acurrucada en mi pecho, me indicó cómo luchar contra las hienas del mal. Me dijo que, al pisar esas tierras extrañas, debo correr hacia las montañas, que ella triunfó al recorrer esa senda contra cazadores y sus perros. Sus perros no son astutos como los nuestros, pero los enseñan a morder a los hermanos fugitivos. Le pregunté por su nombre. Ella me contestó que se llamaba Olula. Se me escapó una carcajada y ella también rio conmigo. Un hermano encadenado protestó y me exigió silencio. Oraba a los orichas y trataba de quitarse su propia vida para así regresar a la Tierra Madre. No hablaba su lengua, pero lo entendí como si hablara la mía. Trató de matarse con sus propias manos, pero no pudo. Y lloró. Miré hacia mi pecho, pero ella ya no estaba.

La princesa no pudo regresar. Fue asesinada porque fueron muchos cobardes los que la forzaron. Los malditos dejaron su cuerpo en paz cuando le arrancaron todo su aliento que se elevó sobre las aguas extranjeras. Mi aliento y los alientos de mis hermanos se hicieron uno solo en dolor y tristeza. El llanto de las mujeres, el llanto de los niñitos y el llanto de los hombres se confundía con la lluvia de plegarias que rezaban los venerables. Mi espíritu viaja hacia la Tierra Madre. Escucho el llanto del Gran Mansa, mi padre. Puedo sentir el sabor ensangrentado de las lágrimas de mi madre, la Reina.

Algunos guerreros habían muerto a mi lado. No pudieron soportar la humillación. ¡Qué felices serán! Las pieles enfermizas los sacaban y los llevaban al lomo del gran pez de madera. Luego regresaban y nos daban de su alimento asqueroso. No podía tragarlo. Era como dar del cuerpo y luego comer el desecho. Algunos lo confundieron y murieron varias sombras después. Mi único alimento fue mi amor por la Tierra Madre. Recordé a mi padre, el Gran Mansa y a Sitzi, mi Madre, la Gran Reina. Escucho las recriminaciones del Mansa a mis hermanos, los príncipes, repitiendo que no debieron dejarme en la aldea, que debí tener parte del sequito real y más guerreros selectos para que defendieran mi vida con sus vidas, que falló en su deber sagrado de proteger la dinastía. Recordé las primeras leyendas, la cacería del primer león que me regaló su nombre, el nombre nuevo con el cual me llaman en la aldea, las ceremonias festivas, los días de duelo, como el día triste cuando nos apresaron y asesinaron al Sacerdote y Maestro. Recuerdo la lluvia bendita que nos regalaba Yemayá con la cual se bañaba la sabana...la princesa...pidiéndome que la salvara... el beso frío de la mujer de la máscara quien talló deseo y memoria en mis huesos. Continúo resucitando las historias de nuestros guerreros en las islas. Fue el último y preciado regalo de nuestro maestro y sacerdote. Recuerdo la historia de un niño, un valeroso que tuvo el mismo espíritu de Zunjata Keita, nuestro primer rey. Zunjata Keita, príncipe despreciado y castigado al exilio por su lastimera enfermedad, regresó a su tribu para salvarla.

Soltó sus muletas y milagrosamente se puso en pie para derrotar con su espada a las tribus invasoras. Este hijo, hermanito de las islas, también derrotó a las hienas con una espada milagrosa: un filo de su espada contenía la complicidad de una madre valiente y el otro filo se agudizaba en el ritmo potente de su tambora...

La tambora encantada
República Dominicana
(1801)

"Por sus venas le salía algo que pudo salir.
(Aquella canción de campo ya no se deja oír).
Es que un poco de tierra que no se quiere
dormir.
Aire eterno que da al aire su raíz.
El negrito la cantaba no queriéndola decir. La
tierra estaba en su voz
Como el campo está en el diente de maíz."

Voz de tierra
Manuel del Cabral

—Le dije que no disparara, pero usted no me hizo caso, compadre. Parece mentira, doce hombres armados en la cacería de un niño. Nos ha dejado atrapados, por días, en esta enorme empalizada que puede ser nuestro cementerio.

—Ese mulequito nos arrastra hasta una muerte segura. Ya perdimos dos caballos. Y los malditos perros no quieren seguirlo. Parece que tienen miedo. Aúllan como si fueran perros del monte. Es como si presintieran que ese niño…

—Ese niño es un niño, nada más. Debe estar hambriento, sediento y muerto de miedo. Ariel está ciego. No comprende que ese niño seguirá huyendo como cualquiera que huye por el miedo. Y nosotros corremos peligro en este monte desconocido y alejados de la hacienda. Podemos llegar al Maniel sin darnos cuenta. Esa tierra está infecta de cimarrones.

—Quemaré toda la isla si es preciso, pero el carajito regresará a la hacienda y lo llevaré frente a mi padre, vivo o muerto. Debimos traer a su madre para que sirviera de cepo. Santiago parece que quiere protegerlo. No voy a permitir que interfiera…

— ¡Escuchen! Está tocando la tambora otra vez. ¡Don Ariel, don Santiago, el niño quiere que lo sigamos! Algo debe tramarse.

La alcoba del viejo hacendado se impregnaba de una peste insufrible. Las negra Natalia, con sus espaldas aún ensangrentadas, lavaba el cuerpo entumecido del viejo que convalecía de una extraña enfermedad. La esposa no podía curarlo ni atenderlo. Prefería bordar el traje negro de encajes que preparaba desde hace tiempo. Pero Natalia estaba allí, removiendo lo curtido, la sanguaza con sudor y pellejos desprendidos. En sus enormes ojos negros se cuajaban lágrimas que no tardaron en catapultarse por sus mejillas.

—Natalia, tú sabes que no quise mandar a azotarte. Fue por lo de tu hijo. Merece morir por lo que hizo. Al otro lado de la isla hay un verdugo, un sanguinario que lo único que entiende es destrucción y matanza. Tu niño no debió gritar ese nombre que huele a revuelta. Es por eso que a tu hijo hay que pringarlo hasta que muera.

—Su mercé. Mi hijo no sabe. Mi niño no sabe. Ese niño… ese niño…

— ¡Toussaint!, ¡Toussaint!, gritaba. Ya el diablo te lo arrebató, Natalia. Hay que acabarlo. Y tú, ruégale a la Virgen para que se apiade de su alma.

—Su mercé… eh que ese niño es hijo de Santiago y mío. Yo se lo parí porque la ama Juliana no ha podido darle un hijo.

— ¡Negra maldita! ¿Qué está diciendo esa boca sucia de negra sucia? ¡No metas a mi hijo en tu lujuria! ¡Voy a mandarte a que te den azotes otra vez! ¡Eres una ramera de los barracones!

Los brazos del viejo se hicieron látigos que buscaron el fino cuello de la criada desecha en llanto. Natalia pidió permiso y se retiró de la alcoba. Luego regresó con el frasco de jarabe y le sirvió una cucharada al patrón. El viejo tomaba la medicina y sus ojos destilaban un odio profundo hacia la sirvienta. Ella no se atrevió a mirarlo.

— ¿Desea algo más, su mercé?

— ¡Esa lengua! ¡Deseo cortarte esa lengua y dársela a los perros!

Natalia, aún con el rostro cabizbajo, hizo la reverencia acostumbrada y se retiró de la alcoba. Mientras caminaba por el pasillo, se secó las lágrimas. Su cuerpo y su rostro adquirían una nueva postura a espaldas del amo. El viejo intentó llamar al capataz, pero le salió un espumajo de sangre. Luego sufrió una violenta convulsión, como si fuera a reventarle el frágil matojo de sus huesos. Cada vez que trataba de pronunciar alguna palabra, la sangre se cuajaba en su garganta y luego salía expulsada por boca y nariz. Olió el frasco de jarabe y lanzó un alarido. Ningún insulto pudo proferir ante la presencia de aquella realidad tan palpable. En los momentos finales, don Jaime Ventura escuchó la tambora y la voz infantil cantando y anunciando al libertador que ya miraba con hambre de niño esclavo los campos y el imponente ganado de la familia Ventura.

Trucutum

—Usted no entiende, don Campos. ¡Ese niño es mi hijo! Nadie tiene el derecho de arrebatármelo así. Ese hijo es mío y de Natalia, la criada. Alguien lo obligó a decir ese nombre porque ese niño no sabe nada de guerras ni de política.

—Pues sea hombre y dígaselo a don Ariel, carajo. ¡Sálvelo! ¡Haga algo! Porque, mire, su hermano se lo piensa comer vivo. Si usted me dice eso antes, yo no estaría aquí.

— ¿Y qué más puedo hacer, si es mi hijo?

—Pues vaya, vaya y hable con don Ariel. Es su hermano y tal vez considere.

—Sí, tiene que aceptarlo. Ariel también ha disfrutado de la carne de muchas negras. Él también engaña a su esposa con criadas y tiene varios bastardos escondidos.

Ese fue el consejo que le di a don Santiago. ¿Qué más podía decirle? Vino con la cuadrilla para salvar a su hijo. ¡Carajo! Allá se fue a tratar de convencer a su hermano que parecía un bulto maligno sobre su caballo. Padre es padre. Tal vez no le dará el apellido, pero le dará algún pedazo de tierra para que la siembre. ¿Quién sabe? Con las cosas que pasan al otro lado, no me extraña que la hacienda Ventura quede en las manos de algún cuarterón Escuchamos un fogonazo. Todos corrimos hacia el lugar donde se escuchó el disparo. Encontramos a don Santiago herido de muerte y a don Ariel recargando su revólver con malicia.

— ¡Qué nadie toque ni ayude a ese hombre! Como pueden ver, al compadre ya no le interesa lo que hagamos con su bastardo.

Sentí vergüenza. ¡Virgen Santa! El hijo de don Jaime moría a manos de su hermano, ese cobarde sin corazón. Pobre del negrito cuando lo atrape. Don Ariel es un asesino de lo peor. ¡Maldito! Esa cara cruel me hirvió la sangre. Pero ¿Qué podía hacer? Estaba bajo sus órdenes y la encomienda de don Jaime Ventura. Seré cómplice de dos asesinatos por las monedas que me ofreció. ¡No debí alistarme para esta canallada!

—¡Ahí está el negrito! —avisó otro de los peones.

Cabalgamos en dirección al peón que nos advertía. Yo quería que todo eso acabara lo más rápido posible. Bajamos de los caballos y desenfundamos nuestras armas. El niño estaba sentado cerca de un roble, a cierta distancia. Había un olor desagradable en los alrededores. Era un olor a podredumbre y muerte. El niño tocaba la tambora con una tristeza más grande que su cuerpo. ¡Dios Santo, si es un niño! Tengo un hijo de esa edad que me espera en casa. No quise seguir a don Ariel. Me detuve y guardé mi revólver.

— ¡Redoblo la recompensa al primero que le eche mano! —gritó mientras me miraba con esa sonrisa tan burlona. Acaba de matar a su hermano y no hay ni siquiera una gotita de remordimiento.

Los caballos comenzaron a retroceder y a relinchar. Paraban sus orejas y miraban nerviosos hacia diferentes direcciones. Le grité a don Ariel que algo raro ocurría, pero siguió sigiloso hacia el niño. Algo caliente me golpeó en el hombro y me hizo caer. Cerré los ojos por un momento y luego los abrí. Casi desfallecido, vi a mis compadres y a don Ariel disparando hacia todos lados. ¡Carajo! ¡Una bala por poco me alcanza! El niño tocaba su tambora como si nada. trucutrutum...Toda mi gente cayó atrapada en el pantano. El pantano estaba cerca del roble, pero cubierto por muchas hojas secas. El niño los llevó hasta esa trampa…y seguía tocando su tambora Trucutumtum… Se escucharon gritos. Al otro lado del pantano, unas sombras aparecieron alrededor del niño. Traté de llegar a ellos, pero me disparaban de este lado. Una voz gritó:

— ¡Caballos pa' comer!

Tomé una rama seca y traté de extenderla a los que estaban más cerca de la tierra firme. Fue inútil. Se sumergieron uno a uno ante mis propias narices. Lloraba aterrado mientras los veía morir. Sus ojos llenitos de miedo se despedían de este mundo. Don Ariel fue uno de los últimos. No dejaba de maldecir y trataba de levantar su revólver para dispararle al niño. Finalmente, el infeliz fue tragado por el lodazal que pareció una boca cuando disfruta y se acaba lo último de un dulce.

El niño dejó de tocar. Colocó la tambora en el suelo y se dirigió a mí.

—Su mercé. Este es el Maniel, tierra de negros fugaos. Entierre al difunto y busque a mi madre. Ella viene de camino. Búsquela y tráigala hasta acá. Le dice que estoy bien y que aquí hay un conuco pa' ella. Vaya, su mercé, antes que Lemba se arrepienta de perdonarle la vida

Anancy
(O la otra versión de "Caballo de trote")
Guadalupe
(1802)

"Bon Dieu fair soleil,
Qui claire nous haut, qui souleve la mer, qui fait l'
orage grounder...
JetezportraitsDieublancquisoir d leu dansyeusnous
Coutezla liberte'
Quinamcoeu a noustous"

"Buen dios que hizo el sol,
Que aclara el mar, que hace a la tormenta
reñir...
Echa un vistazo, dios puro, que la tarde feroz a
nuestros
Ojos corta la libertad,
Que hiere la razón a todos nosotros".

Mackandal.

Lo que comparto con ustedes no es mío. Las grandes loas del más allá me han comisionado para contárselo a ustedes. Capturamos al blanco cuando le hicimos emboscada. Nos gritó "Asalta barrancos." Nos amenazó con su rango de "Petit Caporal". Envié a mis mejores guerreros para que le dieran una golpiza y que se mordiera la lengua. Luego del escarmiento, sé que maldijo a su madre muchas veces. Por fin quedó a nuestra merced. Mis guerreros lo agarraron por los brazos, pero el infeliz parecía medio muerto.

Amarramos sus manos y piernas. Pintamos los mensajes en su cara y en su cuerpo con la melaza caliente. Luego le dimos el trago, la poción que no quiso beber, pero lo obligamos a tragar como hacen ellos con los cautivos en los barcos negreros. El blanco parecía un muñeco porque le pudimos. Lo llevamos hasta el abrevadero. Lo recostamos allí y le regalamos los besos de mis arañas. Las picaduras lo hicieron gritar. ¡Qué raro! Parece que el trago no estaba bien preparado. Tal vez fue la mala selección de la yerba. Pero el blanco aguantaba el veneno. Podía resistirlo. Conozco ese dolor, la sangre se encandila dentro de uno y el corazón corre como un caballo desbocado sobre el llano. Los huesos parecen que se quieren romper, como cuando ellos nos dan de palos. Lo sacamos del abrevadero. Temblaba el muy pendejo. Mi gente comenzó a gritar: ¡Anancy! ¡Anancy! Repetían ese nombre. Tomamos al reo y lo llevamos hasta la ribera.

Desde este lado del río vimos llegar a las milicias urbanas y los cazadores con perros que olfatean a través de grandes distancias. Perseguían a un grupo de fugitivos. Era una familia que buscaba huir de esa mala esclavitud. El hombre, su mujer, otra muchacha y muchos niños. Los fugados bajaron de la chalupa y corrieron hacia nosotros. Una de las niñas quedó atrapada en una fosa de fango. Los cazadores le soltaron un dogo enorme. Es que a los animales los enseñan para que desgarren carne de negros. Un muchacho, tal vez el padre de la niñita, se colocó en frente y esperó el ataque del perro. El hocico del animal se abrió como si quisiera tragarse al padre y a la niña. Pero el muchacho empuñó un filo que sacó de una vaina que llevaba en su espalda y le cortó el hocico al maldito perrote. Allí quedó servido en su propia sangre. El hombre sacó de la fosa a la niña y corrió hacia nosotros. Los protegimos disparando a los blancos desde este lado de la ribera. Las milicias y los cazadores nos respondieron con sus fusiles y nos maldijeron con todos sus santos. Mi gente estaba escondida en lugares de ventaja. Dimos fuego a los cazadores. Algunos de los perros no regresaron a sus dueños porque se los partimos a fuerza de balazos. Los soldados eran más difíciles para matar, pero nos quedamos con algunas costillas pegadas a sus uniformes.

¡Anancy! ¡Anancy! Comenzaron a gritar mis guerreros. Gritaron también mi nombre: ¡Chevallier! Eso me molestó hasta joder porque teníamos al cautivo. Él escuchó mi nombre. Ordené a los míos que trajeran el caballo del reo y que lo ayudaran a montar. El maldito pensaría que íbamos a liberarlo. Tenía la cara bien pálida. Parecía que tenía la fiebre amarilla o la fiebre del tábano. El veneno de las arañas lo mantenía sin voluntad. Así ellos le hacen a la gente nuestra cuando le echan azúcar al café para que la negrada siga trabajando en las cañas o recogiendo las cosechas. Dejaremos un bonito regalo a los malditos cazadores. Soldadito ya estaba montado en el caballo. Ordené que le estiraran los brazos hacia cada lado. Ordené que lo salpicaran con melaza y que le tiraran una manta que le cubriera la cara y el pecho. La manta se pegó a la melaza en su cuerpo. Amarramos sus piernas a la silla de montar. Esperamos que los malditos soldados se acercaran.

Mi gente reía ante los disparates que hablaba soldadito. Volvieron a gritar ¡Anancy!, ¡Anancy! Era un gran vocerío que detuvo a los blancos. ¡Anancy! ¡Anancy! Los blancos se acercaban y gritaban sus amenazas. Era el momento. Le di un golpe a la cacha del caballo y soldadito salió a galope, en dirección a ellos.

— ¿Qué es eso?
— ¡Disparen, disparen hasta derribarlo!

Me imagino a soldadito, queriendo gritar, pero sin poder. Las picaduras de arañas hicieron pesada su lengua. Recibió disparos de sus camaradas en diferentes partes de su cuerpo. Las palabras "brujería" y "zombi" se repetían con terror en las bocas de los blancos. Pensaron que era hechicería de nuestras religiones, pero fue una trampa para burlarlos con su propia ignorancia. Tanto cazadores como soldados corrían de un lado a otro y luego huyeron por la ribera. A mis espaldas las carcajadas de los míos que celebraron el triunfo de esa primera "Grand Marronage' contra la Ley del 30 Floreal que nos obligaba a regresar en cadenas.

Soldadito y su veloz caballo estaban derribados en el suelo. El caballo pasó a las tierras del más allá. Pero el hombre estaba aún vivo. Ordené que dejaran las risas y que lo llevaran a la iglesia, al otro lado del río. Los balazos sólo le causaron rasguños.

Tengo espías que entran a la iglesia. Me dijeron que un cura y un curandero lo atendieron. Soldadito se levantó gritando, hablando locuras y empujando a los que le salvaron la vida. El cura le pidió que se aquietara. El curandero le explicó que lo encontraron cerca del abrevadero, que por poco muere a causa de picaduras de arañas. Le pidieron que descansara. Volvió a gritar un asunto, el asunto de los cimarrones, los que se escaparon a través del río. Ellos le volvieron a explicar que lo encontraron solo, que no había nadie por aquellos lugares, que no han ocurrido fugas de esclavos desde la que dirigió Sela, quien murió en la hoguera por orden del Virrey de la Colonia.

Escuchó numerosas voces, como las voces del gran mercado antes de las fiestas. Pidió que lo ayudaran para asomarse por la ventana. El cura y el curandero protestaron, pero lo ayudaron a caminar. Soldadito abrió la ventana y se encontró con mi mirada. Me vio encadenado. Yo sería el último negro vendido en subasta pública. Aquel hijo de perra me miró fijamente mientras escuchaba la voz del subastador. Yo le sonreí y le di los buenos días.

— ¡Traigo a este, capturado en las costas de Sierra Leona! ¡Es fuerte, joven y muy despierto! ¡Responde por el nombre de Chevallier!

Sin dejar de mirarme, repitió aquel nombre, no el mío que ya lo conocía porque mi gente se lo declaró y también el subastador que intentaba venderme. Sería yo su más cruel pesadilla. Sus heridas comenzaron a latir. Retrocedió y abandonó la ventana. Continuó repitiendo el nombre. El cura y el curandero repetían lo mismo. Porque no le creyeron. Porque, según ellos, no ocurrió esa gran cimarronada a través del río. Desde ese día camina errante, pobre y sucio. Repite ese nombre. Hasta el día de hoy lo sigue haciendo. Los niños lo burlan, le tiran piedras y repiten después de él, el nombre que una vez gritaron los míos en aquella noche iluminada: ¡Anancy!, ¡Anancy!

Memoria en el destierro
(V)

He guardado mis fuerzas para morir luchando contra ustedes. Mi tierra ha sido maldecida por sus pisadas. Ustedes han profanado los templos sagrados. Nuestra aldea ha derramado la sangre de honorables. No permitieron que enterráramos a nuestros sacerdotes y eso es una gran blasfemia.

Sé que sus bastones de truenos me alcanzarán, pero yo bajaré al fondo del gran lago salado junto con varios de ustedes. Yemayá, diosa espíritu de todas las aguas, estará feliz con mi sacrificio. Los demás guerreros matarán a los ladrones de almas y así podrán regresar a la Tierra Madre…girando las aletas del gran pez de madera para que regrese. Una bandada de pájaros negros sigue de cerca esta trampa de muertos vivos. El Gran Espíritu del firmamento los ha enviado para comer las carnes de los caídos. ¡Purificación!

—Debes tener paciencia, hermano. No es nuestro día. Las hienas atacan en formación de jauría. Triturarán tus huesos mientras las observas. Come la comida del enemigo. Sé fuerte. Otros te necesitan.

—No soporto más mi vida como presa de estos malditos invasores, honorable guerrero.

—El día llegará en que podremos causar un temor más grande y doloroso en los vientres de nuestros enemigos. Si tienen aldeas, las atacaremos. Si tienen ejército, lo combatiremos. Si tienen hijos se los robamos como ellos lo han hecho con nuestros pueblos— me consoló el guerrero jelofe. Los jelofes fueron nuestros rivales de muchas guerras. Ahora sufrimos hermanados en aquel castigo severo por nuestros errores y pecados.

Las sombras protectoras continúan susurrándome aquellos nombres desconocidos que apenas comienzo a comprender: Cangrejos, Maniel, Anancy, Ursula. Mi aliada, la sabiduría Mágara, llega para reconfortarme. Me explica que son otros nombres de nuestros héroes, lugares soberanos fundados por nuestros compatriotas y estrategias para luchar contra las hienas y llevarle la guerra hasta sus propias cuevas. Me dice que no moriré. Profetiza que soy un escogido de los orichas para liberar a los nuestros. Tratarán de doblegarme con azotes y aceros en mis manos, pero está escrito que se derretirán al comando de mi voz y con mis acciones de batalla.

Fue un cálculo fallido de estas bestias secuestrar al príncipe de unos de los imperios más antiguos y valerosos de la Tierra Madre.

La pantera de Jacmel
Haití
(1803)

"Grenadiers a l'assaut!
Sa Ki Mouri Zafe a Yo.
Nan Pwen Mamam.
Nan Pwen Papa.
Sa Ki Mouri, Zafe a Yo!
Grenadiers A l'assaut!"

Canción de los granaderos
Batalla de Vertieres.

¿Cuánto tiempo llevas ahí, encadenada a ese islote a más de una milla de la rada? Te rociaron con sangre de animales. Fuiste sentenciada a servir como pasto para los tiburones. Tus manos dejaron de contender con los pesados grilletes. Los oficiales franceses te torturaron para que delataras las posiciones de Dessalines, Petion y Christophe, generales que sustituyeron al "Más Grande de los Negros" luego de su cobarde arresto y deportación. Perforaron tu cuerpo con varios aceros y perforaron tus adentros, a su antojo, hasta que sangraste en gran cantidad. Disfrutaban al causarte dolor, pero tu rostro ofrecía una resistencia profética que los aterraba. Te levantaste como madre de tantos indecisos y los encaminaste a luchar por una patria que se cuajaba con dolor y sufrimiento. Robaste el fuego de la libertad para compartirlo con tus hermanos, los niños guerreros de Santo Domingo. Tu fortaleza fue el recuerdo, la hazaña de aquel día memorable...

El fuerte sitiado, cañoneado día y noche por las baterías del general Rochambeu, caía descalabrado. Te hiciste cimarrona y llegaste como voluntaria para servir al ejército de Dessalines. El oficial a cargo te permitió asistir a los artilleros en las troneras.

¿Quién se imaginaría que finalizaste dirigiendo la defensa del fuerte? Cerraste el paso a los granaderos enemigos. Lograste dispersar una batería en duelo prolongado. Cuando alcanzabas un objetivo, levantabas el escobillón como señal de triunfo. Debiste ser la inspiración de aquel artista que pintó el cuadro de "La libertad", ordenando el avance de los revolucionarios. El sitio fue levantado y nació en su lugar la leyenda de una extraordinaria mujer oriunda de Jacmel.

La sed distorsionaba tu memoria. La marea alejaba tu cuerpo esbelto y luego lo traía de vuelta al islote ya sumergido. Escuchabas el repiqueteo de los tambores que alentaban a los patriotas con la consigna: "Liberte ou Mort". La distancia volvía a traicionarte. Tu ausencia en Bois Caiman fue evidente, pero todos saben que abrazas las creencias de los ancestros combatientes. Tampoco abrazaste al dios de los blancos, un dios que castiga a tu gente con maltratos, muerte y servidumbre. Tienes fe en un dios sin color, que acoge en su seno a todos los pueblos, pero aún desconoces su nombre y lo invocas con fervor en esta hora final.

`Una aleta gris fue atraída por la sangre que ya se cuajaba sobre tu cabello. El escualo comenzó a merodearte con mucha saña y apetito. Un chasquido violento alborotó las aguas porque las mandíbulas rasguñaron tu muslo izquierdo. Lanzaste un alarido seguido con un ruego por todo lo que dejaste en tierra: tu primer hijo que te arrebataron para venderlo a una duquesa en La Ciudad del Cabo, tus hijos que amamantaste, un marido que también se batía en el campo de batalla, un pueblo que por fin despertaba. Te entregaste a la profundidad del mar. Las cadenas interfirieron con el segundo ataque. Sonreíste liberada del temor. Pensaste que morir así sería más digno que morir en manos de los tiranos. Los ojos hambrientos se enfrentaron a los tuyos. En la profundidad bailabas y tu acosador te sintió como una medusa saltarina. Dio otra vuelta y tú giraste otra vez entre las burbujas de tu danza, las cadenas y tu sumergida carcajada.

De repente, se escuchó el estruendo de los mosquetes. Largos arpones te rodearon y se convirtieron en tu coraza. El verdugo tuvo que abandonarte, aunque ya te había palpado como presa segura. Soldados negros con casacas azules acercaron más la barca hacia ti. Cortaron tus grilletes y te subieron a la barca. Escuchaste el nombre "Ursula" y recibías el consuelo que tus hermanos defendían, a sangre y fuego, la recién nacida patria. Pudiste observar como la rada adquiría un nuevo prisma bicolor, azul de mar y rojo de sangre, la unión de negros y mulatos (así será la nueva bandera). Y en aquel delirio esperanzador, recordaste las palabras finales del pionero de aquella singular revolución:

"Vosotros creéis haber desarraigado el árbol de la libertad y yo soy solo una de sus ramas. He logrado plantar el árbol tan profundamente que toda Francia no bastaría para arrancarlo".

TaussaintL'Ouverture.

Canción de lágrimas por la Patria

(VI)

Las hienas limpiaron la trampa en el vientre del gran pez de madera. Nos dieron otro alimento, algo dulce que nos recobró el espíritu. Los quejidos de mis hermanos se escuchaban más débiles. Los niños fueron devueltos a sus madres. Ellas los conocen. Es que quedaron tan pocos. Los que perdieron a sus madres los dejaron en las manos de otras hermanas quienes, de inmediato, ofrecieron sus pechos para alimentarlos. Las madres cantaban a los pequeños para que dejaran de llorar. Eran versos de venganza que los niños comenzaron a comprender. Ahí, en esa frágil línea entre los velos de la muerte, mis hermanas alistaron a los nuevos guerreros que lucharían después de nosotros. Ya dejaron de entrar en la trapa para golpearnos. Curaban con cuidado las heridas que ellos mismos causaron. Daban agua dulce para beber y limpiarnos. Luego nos volvían a encerrar hasta el pasar de muchas sombras.

Los pocos guerreros se llenaron de fuerza y cantaron, en cada lengua de sus tribus, la canción de añoranza, la canción que recuerda a la Tierra Madre y Patria:

Cuando fuimos reyes vestíamos con las pieles
de leones
y abrazábamos a nuestras reinas ante las
miradas
celosas de los chitahs.
Cuando fuimos reyes adornamos con oro, plata
y marfil
Las frentes de nuestros hijitos.
Pero nuestras coronas fueron removidas
Y el desierto asesino entró a nuestras aldeas.

Escuchaba también el canto de las garzas, como si quisieran unirse a nuestras voces en una sola plegaria. Procuré la atención de mis hermanos para declarar mi arenga, pero guardé silencio. Me sentí rodeado de tantos hermanos consumidos por el espanto. No hay ni una sola voz de guerra. Solo la espera de una muerte olvidadiza que no llega. Es la peor de todas las hechicerías lanzadas a los hombres.

Monte adentro
Cuba
(1818)

"Yo son carabalí
Negro de nación
Sin la libertad
No pue'o vivi'"

Bruca Maniguá
Ibrahim Ferrer

Fue a mitad de camino, de regreso a la hacienda de la familia Fernández. Al cimarrón Plácido lo atraparon y lo dejaron un rato encerrado en la jaula de los dogos. Después de severos mordiscos y forcejeos, el rancheador se los quitó de encima. Aseguró que los perros jamás olvidarán el sabor de su sangre y de su sudor. Le aseguró que sería lo único que ellos buscarían si intentaba fugarse otra vez. El rancheador ordenó a sus dos ayudantes que sacaran a Plácido de la jaula, que le curaran las mordidas y que lo ataran fuertemente a un roble cercano. Lo de curarle las mordidas no fue por caridad, sino por el asunto de no perder o dañar la valiosa mercancía que recuperaron con dificultad.

Plácido no dio ni un solo quejido, aunque el dolor se le dibujaba en la cara como una máscara tallada con dobles tejidos. Le nació una sonrisa que parecía alcanzar el corazón de la manigua allá, monte adentro. No se quejó. En cambio, ofreció plegarias a sus orichas protectores. Uno de los ayudantes lo amenazó con azotarlo como a un perro sarnoso. Le ordenó que durmiera. Todavía faltaba la mitad del camino.

Uno de los dogos que descansaba en la jaula soltó un alarido bajo y metió su hocico sobre sus patas delanteras. Placido hizo un chasquido con su boca y el dogo dio otro alarido más bajo hasta que se durmió. Placido buscó una señal en los elementos, en la espesura montuna. La tensión lo llevó al sueño donde su deidad protectora le entregaba un nuevo don, una nueva habilidad, pero le pidió que durmiera para que recobrara fuerzas. Le aseguró que sería libre pues es un elegido que marcaría un camino para otros hermanos que se fugaron bajo el resguardo del aguacero.

Los rayos del sol iluminan la espesura. El rancheador se levantó y se quejó de la espalda. Llamó a sus ayudantes, pero ninguno respondió. Caminó hacia la jaula y no vio a ninguno de sus dos perros. Tampoco encontró a Plácido atado al roble. "No puede ser que se halla fugado otra vez". Una brisa helada trajo un presentimiento que lo petrificó en aquel septiembre de lluvias y fugas. A su espalda, poderosos gruñidos le taladraban las orejas. El corazón de experto cazador se le achicó en un manto de tiniebla. Un mandato ininteligible lo hizo girar y desenfundar su arma.

La orden dirigía los instrumentos de cacería contra la piel de su propietario. Los pájaros volaban espantados ante los gritos que provocaba la carne viva y desgarrada por colmillos.

Entonces, los pies fugitivos aprovecharon la embestida y corrieron, ante el asombro de las jutías y lagartos que le cedieron el paso a tan veloz huésped. Corrió como nunca antes, obediente al llamado de la maleza y de esa libertad esperada.

El cimarrón Plácido se hizo rey del territorio montuno. Placido regresó sonriente, inspirado y triunfador a la manigua donde lo esperaba una negra también cimarrona, un fogón con calalú y un manantial todo suyo.

Los mensajeros que regresan

(VII)

Una voz me habla en la oscuridad. Es la voz de un hijo del desierto. Conoce mi lengua y la historia de nuestro reinado. Vivíamos en paz con ellos. Sus caravanas y expediciones siempre fueron respetadas y tuvieron, por parte de mis padres, libre trayecto hacia la búsqueda del marfil, pieles y piedras preciosas. Me dijo su nombre: Halazer Omar. Me dijo que fue capturado por error y que pronto vendrían a liberarlo y devolverlo a la Tierra Madre. Halazer Omar parecía un porteador acomodado. Sus vestiduras eran de terminada calidad. Este hombre swahili recibía un trato distinto de las hienas. Él mismo me explicó que era un sirviente muy cercano de Tippu Tib, un caballero de oscuros empeños, nacido en la isla de Zanzíbar. Tippu Tib se dedicaba a capturar a nuestros hermanos para venderlos a los enemigos invasores. Algunos dicen que su nombre, Tippu Tib, significa: "El que amasa fortunas", pero otros dicen que su nombre es simplemente el sonido de sus armas de fuego, esos bastones que matan desde la distancia.

Le pregunté con gran curiosidad si seríamos comidos por las pieles enfermizas y me contestó que no, que buscan esclavos, trabajadores para sus grandes casas y sembradíos. Tippu Tip es uno de esos grandes mercaderes de pueblos. Apresa a nuestra gente, a su propia gente, y la vende como ganado. ¡Maldito sea su nombre por toda la eternidad! ¡Su nombre estará maldito por siempre en las Tablas de Ifé!

Le pregunté al swahili:

— ¿Por qué quieres regresar y servir a un amo tan malvado como Tippu Tib?
—Tiene en su poder a mi esposa y a mis hijos. Es posible que también quiera venderlos.
— ¿Y regresas para evitarlo?
—Sí. También le daré muerte por haberme enviado a esta casa de encierro. Mataré a mi amo Tippu Tib.
— ¿Cómo? No tienes ejército. Tippu Tib debe tener un sequito de guardas selectos que lo protegen por ser un gran mercader.
—Sí, lo tiene como todo hombre de poder. Es casi intocable en su asentamiento. Llevó un pendiente en mi oreja izquierda que ha sido reposado en un veneno muy especial. Un leve toque a su piel y caerá el tirano, como caen las hojas secas en los días marchitos. Pero debo

estar muy cerca para alcanzarlo con el pendiente de mi oreja. Regresaré y simularé servirle con más diligencia. Entonces, cuando lo toque con el filo de la muerte, le daré libertad a mi familia y abriré las rejas para todos los cautivos que estén en su poder.

—¡Qué el espíritu de todos los cielos te escuche y te corone con éxito, hermano del desierto! Si logras tu misión, no te olvides de mí. Lleva mi mensaje a nuestro reinado y diles que espero un rescate. Que sean diligentes y rápidos como el chitah. Por favor. Me cubren presagios de muerte que se agigantan con el pasar de las sombras.

—Así será, hermano del reinado Mali. Daré tu mensaje, en persona, a la Gran Reina y al Mansa, tu padre.

Xiorro y Concepción
Puerto Rico
(1821)

"El blanco que me hiere sin piedad
No tiene sentimientos ni valor.
La ira de mis dioses le caerá
Y ya más nunca tendrá su salvación."

El negro Carimbo
Ismael Rivera

Los malditos madrugaron nuestra revuelta. Unos traidores, entre ellos el soplón de Ambrosio, contaron nuestro plan a los hacendados vecinos y al general Andino. Quinientos pesos fue el premio para esos Judas. En plena celebración del mes de Changó y no de Santiago, nuestra gente echaría mano a las armas que dejamos ocultas en los mazos de cañas, mataríamos a los hacendados de las cuatro haciendas principales, al alcalde Cayetano Náter y al señor cura. Luego echaríamos mano a las armas de fuego que se encontraban en La Casa del Rey...y los machetes. Marcharíamos hacia San Juan, cerrando los dos caminos reales principales: el de Martín Peña y el de Palo Seco.

Así nos aseguramos de que ningún refuerzo entrara a la capital y tratara de detener nuestro avance. Y en el partido de Cangrejos, donde nacieron nuestros hermanos valientes que se fajaron y vencieron a los ingleses, le daríamos corona a Mario quien sería nuestro rey de este lado de la isla.

Yo, Marcos Xiorro, había llegado a Mayagüez semanas atrás y esperaba por refuerzos y las instrucciones del Presidente Jean Pierre Boyer. Los negros fugados de otros partidos se unirían en nuestro camino de regreso. La isla sería nuestra. Pero la mulata Isabel Yaró me delató después que le di cariñito del bueno. Ella hizo prometer a los soldados que no me matarían y que le pagaran su recompensa. Me atraparon en su bohío. Con un garrotazo en la cabeza caí y no supe más hasta que me trajeron de regreso a la hacienda Andino.

Fui azotado por los soldados y por los capataces. Me dejaron atado de manos, encerrado en el ingenio por más de tres días. Los soldados de Andino me dijeron que fusilaron a Mario, a Narciso y al negro Ilario. Los obligaron a caer de rodillas y le dispararon por la espalda. Me dijeron que así morían los traidores y criminales revoltosos. No pudieron engañarme. La mulata María Concepción, a quien también acusaron y castigaron con latigazos junto a mí, me contó que Mario trató de ponerse en pie y allí recibió el balazo. Ella estuvo allí porque fue obligada a ver la ejecución como castigo ejemplar. A María Concepción le quitaron el machete, pero no los capataces que no se atrevieron a enfrentarla, sino los milicianos que la hirieron con las bayonetas. Ningún negro alzado juró lealtad a España para recibir perdón. Ninguno. Solo los delatores y cobardes hincaron rodillas.

Aquí, bien adentro, queríamos librarnos de todos los blancos y jurar lealtad a nuestro reinado, como ocurrió allá en la triunfante Haití. Sí, sabemos la historia, lo que ocurrió en la tierra hermana. Chaulette, agente de Dessalines, fue enviado para acá hace más de diez años para enseñarnos el camino y regar las semillas de libertad.

Mario sería el rey de este lado de la isla, Pero yo, Marcos Xiorro, hijo de la Tierra Sagrada y robado por los mercaderes de almas, sería rey del lado oeste de la isla. Entraríamos en un pacto de alianza con Haití y con los nuevos pueblos que prometieron romper las cadenas de la esclavitud y dar libertad a nuestra gente. Y si yo no recibía la corona... no me importaba. Solo me latía el corazón al soñar que partiríamos los grilletes de mi gente, que nuestros niños jugarían libres y tendríamos maestros de nuestra propia piel que enseñarían la historia heroica de nuestro pueblo. No más cadenas. Trabajo con paga y la defensa de la libertad... hasta con nuestras propias vidas.

A la mulata María Concepción la sacaron del ingenio después de darle azotes. Llamaron al curandero para que le cerrara los golpes y la vendieron a otra hacienda.

María Concepción fue mujer valiente, hasta más valiente que muchos de nuestros hombres. No abrió la boca para delatar a sus hermanos, aunque le despellejaron la espalda. La encadenaron otra vez y la montaron en la carreta. La carreta se alejaba y ella no dejaba de mirarme...

Fue la última vez que vi a mi rey Marcos Xiorro. Lo dejaron amarrado en el ingenio después que le dieron muchos latigazos. Su sangre y la mía quedaron unidas sobre el polvo del ingenio. De lejos vi cuando unos soldados lo sacaron y lo treparon a una carreta y también se lo llevaron... será para fusilarlo y enterrarlo lejos de la casa grande. Quisiera morir junto a él. Decirle que la revuelta sigue, que otros guerreros no olvidarán su nombre... pero perdí tantas fuerzas y tanta sangre...

En la nueva hacienda me pusieron trabajos forzados junto con otros negros castigados. Los días pasaron y también los años. Seguí golpeando la tierra y la piedra con el azadón para que otra negra sembrara el café. También tenía que dar de comer a las bestias de la hacienda. Lloraba en silencio.

Recordaba a mis hermanas menores y a mi madre. Fue allí, en el campo, que trajeron la noticia de que un negro fugitivo, esclavo propiedad del Capitán Andino, fue visto en el Abra de la Villa del Capitán Correa. Que las autoridades ofrecen una recompensa por su captura, ya sea vivo o muerto. Me ardió el corazón y trabajé con más fuerza que ayer. Él estaba cerca de aquí. Pasaron otros meses de faena dura y días en que los señoritos de la casa me golpeaban las nalgas con un chuzo y el amo le reía las travesuras. En esos días, un capataz le informaba al amo que las autoridades trataron de echar mano a un tal Marcos y que se les escapó por unas cuevas de camino al Utuao. Dijo que los perros no pudieron seguirlo y que desapareció como un alma en pena, tal vez ayudado por el temido fugitivo Carabalí. Continué mi trabajo hasta la tarde y cuando me miré en el caldero de agua me encontré a mí misma. Vi a una guerrera y sonreí después de muchos años. Y así llegaban noticias de que lo vieron en Cangrejos, en el Roble, en Guayama, en Vega Baja. Al final de cada faena, me salió un cantío bajito del cuembé y ese cantío bajito del cuembé me ha acompañado hasta en los días fríos donde se me acerca la vejez y a la muerte.

Y pensé en mi rey. No necesitó corona para luchar por su gente. Su reinado se levanta ahora desde las lágrimas y desde el recuerdo, cuando muchos hermanos repiten a los cuatro vientos promesas de libertad que se escuchan desde todas las montañas de esta tierra. Soy María Concepción de la hacienda La Igualdad, esclava mulata y empuñé un machete bravo, junto a los reyes Mario y Marcos Xiorro, en la llamada "Revuelta de Bayamón".

**Marriet o las marcas de identidad
Barbados
(1833)**

"Lick and lock up done. Wid hurray fuhJinJin.
The Queen come from the mist to set us free.
Now, lick and lock up done. Hurray fuh
JinJin".

Canción folclórica barbadense.

Se busca a esta esclava fugitiva. Pertenece a la hacienda de Lord James Dilan. Estatura mediana. Color de piel: negra rojiza. Ojos: marrones claros. Marcas o señales de identidad: latigazos en la espalda, en el hombro derecho tiene una marca con el hierro de marcar: la letra M. Descripción de la esclava: Buena trabajadora, mal carácter, joven y hermosa de carnes. La vieron por última vez en la hacienda Winwoud, al mando de una partida de negros fugitivos y bandidos que atacan a caballo. Se cree que ella es jefa junto al rebelde y sedicioso Bussa.

—Hagan un hoyo para que la criatura no se malogre. Y la madre que reciba veinte latigazos en la espalda y las nalgas. Es por orden de la patrona. Recuerden proteger al negrito que lleva en la panza. La patrona lo venderá cuando nazca.
—La negra Marriet, La negra Marriet jmmm, canta y pronto volverá. La negra Marriet.

Si alguien la conoce y sabe de ella, sepa que ella continuará liberando a los esclavos y buscando a la hijita que le robaron. Debo llevar este mensaje como ella lo exige.

Mi vida depende de ello. El cuchillo a mis espaldas me recuerda el último detalle del edicto: el nombre de la niña es Marriet, como su madre.

Vigilia

(VIII)

Regresé al mundo de los sueños. Caminaba por las villas de mi aldea, un camino de un día y medio. Todo había cambiado. El imperio majestuoso ya no existía. En cambio, voces de lamentos se escuchaban hasta el desierto. Procuré la presencia del Sumo Sacerdote y Maestro. Su choza fue saqueada. Los abominables robaron los utensilios sagrados y los colmillos de Tantor. Pisé unos huesos y eran los huesos esparcidos del Sumo Sacerdote. No fue enterrado con sus honores. Su cuerpo fue profanado por las bestias y los hombres. Es por eso que Nuestra Tierra Madre ha sido maldita por muchas generaciones. Un impala lloroso se me atraviesa y me dice: "No debió regresar, Joven Principal. Ya no queda nada de su reinado ni de sus leyendas." Imploré otra vez a las deidades que nos abandonaron. Memoricé las endechas y los ruegos escritos en el escudo del Venerable. De las chozas salieron las criaturas asemejadas a hienas y me señalan para que no huya. Caminaban como hombres, incorporadas en sus patas traseras. No quise huir. Quise acompañar al Sumo Sacerdote en su viaje hacia la ciudad sagrada de Ile Ifé. Es mejor morir atento, mirándolas a sus ojos hambrientos que no tendrán piedad. Ellas lanzan aullidos, como locas, para que los orichas no escuchen mis plegarias. Me rodean y quedo a su merced.

Desperté al escuchar cuando las hienas lanzaron un cuerpo en el gran lago salado. Y llegó a mi memoria una canción de amor, la canción de la doncella, la princesa que regresaba a la tierra de los ancestros. En mi ruego, traté de entrar a su mente ya liberada. Le conté mi sueño, tratando de advertirle que no regresara, pero ella no pudo responderme. Se había ido. La muerte la purificó de la suciedad y la vergüenza. Tal vez ya podrá regresar a la Tierra   Amada.

Latigazos fallidos en el año del jubileo

"En cuanto a mí, no puedo traducir este enunciado sin evocar a tantos africanos lastrados con cadenas y echados por la borda cada vez que un barco negrero era perseguido por enemigos y se consideraba demasiado débil para librar combate. Sembraron en los fondos las cadenas de lo invisible. Así fue que aprendimos, no la trascendencia ni lo universal sublimado, sino la transversalidad. Hemos necesitado mucho tiempo para saberlo. Somos las raíces de la Relación".

ÉduardGlissant
El discurso antillano

Plantaje

(IX)

El pez de madera dejó de moverse. Escuché más gritos y llantos que se confundían con los nuestros. Pero esas voces entraban a través de las paredes del gran pez de madera. Esos lamentos me llegaban desde afuera del vientre inmundo. Nos obligaron a salir. El sol casi me devora la mirada y sentí caer. Me sostuve con mis últimas fuerzas y levanté a otros de mis hermanos que también doblaron rodillas ante la luz y ante ese nuevo lugar, lejos de la Patria. Allí, a la orilla del gran lago salado, estaban más de mis hermanos, encadenados, golpeados, asustados; igual que nosotros. Los tenían agrupados, apretados, como también nos tenían a nosotros. Comencé a preguntar quiénes hablaban mi dialecto, pero los invasores me golpearon y me cerraron la boca a golpes. Estos malditos robaron a hermanos de todas las tierras porque la mayoría de ellos estaba allí. Identifiqué a muchos por sus pocas vestimentas tribales. Otros me fueron extraños. Entonces entendí que no seremos devorados vivos.

Aún no. Parece que pusieron bajo el cautiverio de hierros a todos los hijos de la Tierra Madre. ¡Vergüenza! ¿Cómo se atreven a robar a reinas sagradas, a reyes, a príncipes y princesas, a maestros, a médicos, a ingenieros, a artistas, a guerreros, a pescadores y a sembradores de todas nuestras aldeas y reinados? ¿Qué deidad sacrílega alienta a estas hienas para que ejecuten semejante maldad contra nuestros pueblos?

Comenzaron a separar a los hermanos que estaban conmigo. Aunque estaba atado a los hierros, traté de impedirlo. Soy el príncipe, el único en comando y rango de mi grupo. Exigí a los extranjeros que escucharan mis peticiones como prisionero porque tengo derecho a exigir condiciones a mis enemigos. Me reconozco como cautivo, pero soy el intermediario entre ellos y los míos. Pero estos malditos engendros de la piel enfermiza volvieron a golpearme y me derribaron. Los míos se lanzaron sobre mí para protegerme y también recibieron azotes que cortaron sus pieles. Llegaron más hienas con esos bastones que matan a lo lejos. El trueno. ¡Mis oídos! Viajo hacia la otra vida.

Pensé que la muerte me liberaba, pero allá siento que las hienas clavan sus colmillos de garfios en mis hombros, me arrastran por los brazos y me regresan a este lado que es lo peor porque la pesadilla está muy viva. Aún viaja el trueno en mis oídos. Me obligan a mantenerme en pie y me observan con codicia, como los compradores en los mercados de especias. Una hiena macho vestida con esas ropas de comparsa, me obliga a abrir mi boca y revisa mis dientes. Luego una hembra de la piel enfermiza toca mi pecho, mis brazos, mis piernas y mis partes. Revisa mis partes con sus manos. Le ordeno que no me toque, que no me contamine. No sé cuáles enfermedades puede tener en sus garras de hiena. Luego pasa su lengua sobre mi barbilla y suelta ese aullido de apetito, como hacen las hienas de cuatro patas a la hora de dividir el despojo. Todos los enemigos rieron en burla por lo que dijo la hembra. Seguramente seré el primero en morir en alguno de sus rituales blasfemos. ¿Por qué nuestras deidades y ancestros nos abandonan a esta clase de suerte, si de todas formas moriremos a manos de estas criaturas salvajes que no respetan los mandatos sagrados?

Las manos
África- Cuba
(1868)

El poderoso Mansa, sediento de venganza por el robo de su hijo menor, dispara su jabalina revestida y encantada. Tiene tallados muy bien trabajados que contienen la sabiduría ancestral del Reinado Mali. La jabalina legendaria surca cielos y mares. Su silbido es familiar y entra en los oídos heridos del príncipe cautivo que despierta en el vientre del barracón negrero. La jabalina sigue su trayecto libre hasta posarse en una mano mambisa que, al contacto, la dispara hacia el pecho condecorado del coronel ibérico. Primero cae el sable: "Mi dios, mi causa." Luego la sangre mancha los verdes campos de Olguín que ya comienzan a purificarse.

Se abre la muralla.

**Año terrible
Puerto Rico
(1887)**

"La represión se extendió a otros pueblos. La
temida guardia civil encarceló
a decenas de personas, aplicándoles muchas
formas de tortura
a las que se le dio el nombre de Compontes."

Puerto Rico, una historia contemporánea.
Francisco Scarano

Escuché lo que pareció un disparo breve. El ruido se confundió con el pitido de la máquina cuando se detuvo en la estación. Desafié la terrible jaqueca que sufría y caminé hacia la salida. Pedí que me dejaran pasar hasta llegar al "corpus delicti". El muerto yacía en el suelo, a unos pasos de la escalera de la estación. Vestía fraque marrón y botas. El porte distinguido no lo abandonó en su trágico final. Fue encontrado boca abajo, con el brazo derecho abiertamente extendido y sujetando un maletín de cuero. El brazo izquierdo recibía el peso enorme del torso. Aparentaba unos cincuenta años.

Le despacharon un disparo al pecho. La sangre corría desbocada y bañaba el cuerpo caído. El maletín de cuero negro contenía algún dinero y unas cartas estampadas con el sello del cabildo de Mayagüez. Tal parece que el asesino viajaba en el tren y con una bala reservada en latente espera. Ordené que nadie abandonara la estación. Me presenté como alguacil de la Corona y desenfundé mi revólver. Di instrucciones al maquinero para que buscara de inmediato ayuda en la casa del Rey.

El grupo que viajaba en el ferrocarril era diverso en cuanto a clases y oficios: un acaudalado hacendado de Aguadilla, dos señoras distinguidas de Ponce, otras dos damas capitalinas, pero de vida alegre, un joven seminarista, una hermosa señorita de traje florido y tres negros que viajaban arrimados al vagón de las cañas; dos de ellos campesinos. El otro parecía algún tipo de trabajador diestro. Su ropa y calzado eran de mayor calidad.

—El disparo pudo salir de esa maleza, una bala perdida. Esas cosas pasan. - trató de explicar el hacendado.

— ¡Hasta dónde ha llegado este país! ¡Asesinan a personas en plena luz del día y como que a nadie le importa! —comentó una de las damas de Ponce.

Pero lo cierto es que el disparo se hizo a quemarropa. Concluyo esto por el orificio de la bala que no es de un potente calibre. El disparo tuvo que ser de contacto, tal vez aprovechando un descuido.

— ¡Al Componte con ellos! ¡Que registren a los negros! —sentenció el seminarista.

— ¡Avergüéncese de llevar esos hábitos, joven! ¿Cómo puede usted levantar falso testimonio? ¡Ellos viajaban en el vagón de las cañas y fueron los últimos en llegar acá! —refutó la hermosa muchacha de traje florido.

— Bien. ¡Quiero que vacíen sus equipajes y bolsillos! Los registraré a todos. Como pueden ver, estoy armado y responderé en el acto cualquier agresión hacia mi persona o hacia cualquier hijo del país.

Abrieron sus sacos, bolsas, bolsillos y maletines. Los registré uno por uno, acción que no tuvo consecuencia alguna. Tenía que detener al responsable. ¿Quién de ellos será? No puedo fiarme de ninguno de ellos porque hay vidas en riesgo.

Dos de los negros permanecían cabizbajos. El otro permanecía firme y con su mirada perdida en el horizonte. Los demás pasajeros seguían importunando con sus comentarios imprudentes, echándole la culpa a los negros o acusándose unos a otros. Fue el colmo cuando las mujeres de concupiscente reputación me increparon:

—Y usted ¿dónde estaba cuando asesinaron a este buen señor?
— ¡En mi asiento, tratando de dormir! ¿Qué insinúa?
—Mi amiga le recuerda a usted que también es sospechoso y debió mostrar su equipaje como los demás.
—El único pasajero que tiene un arma es usted —añadió la otra pudorosa, retorciendo su boquita guasona.

—Señor. Discúlpeme, pero debe interrogar a los negros. Amenace con ahorcar a uno de ellos y los demás cantarán como guineas —insistía el seminarista con aquel silbido de falsa solemnidad.

—¡Avergüéncese! ¡Más que los rituales de la religión, practique caridad, compasión y empatía! —le respondió la muchacha, lanzando largos sollozos que espantaron hasta los perros que olfateaban la sangre del muerto.
—El asesino no mostró caridad ni compasión. Mientras que usted llora, cual Magdalena, este siervo del Señor trata de encontrar al culpable.
— ¡Cállese la boca y deje de acusar a gente inocente! — replicó ella.

Encontrar al asesino fue más apremiante y difícil con el pasar de las horas. Lo único que podía hacer fue retenerlos. El motivo aún se desconocía. Pudo ser un asesino pagado a sueldo, un enemigo de la familia, un compadre que quería cobrar su dinero, un marido celoso. Pero el maletín con las cartas me daba el desagradable olor del separatismo sedicioso. Me le acerqué al negro de vestidura elegante.

— ¿Cómo se llama usted?

—Pedro Calderón y Alonso, señor.

— ¿De dónde es?

—Del Roble, señor.

— ¿Tiene usted alguna arma de fuego en su poder?

—No, señor. Usted me registró. Yo trabajo reparando trapiches. Ni yo ni ninguno de estos negros viaja donde viaja la gente de bien.

— ¿Y hasta dónde llega?

—Hasta Arecibo. Ellos también viajan para allá porque trabajan a jornal.

La otra señora también arguyó a favor de los negros:

—Creo que debe buscar en otra dirección, joven. Esas pobres gentes no saben nada. Ellos viajaban en lo último, por allá, bien lejos.

Las mujeres comenzaban a dar muestras de cansancio y se sentaron sobre sus equipajes. Los caballeros permanecían de pie, pero también se veían sofocados por la espera. Alguno me pedía permiso para remediar una necesidad urgente. Les indiqué el lugar, un flamboyán cercano donde podía vigilarlos. Las mujerzuelas burlaban a todo el que pedía permiso, pues a todo le buscaban motivo de risa. Decían que, de acuerdo al sonido de la caída urinaria, así serían las características del instrumento. ¡Qué divertidas!

Al norte divisamos tres caballos. El maquinero cabalgaba acompañado por un oficial del ejército que traía por las bridas a una hermosa bestia alazana. Llegaron hasta la estación y el maquinero comenzó a preparar el tren para continuar.

El oficial era un teniente joven y de aspecto desaliñado. Ordenó a los negros que tomaran el cuerpo y lo colocaran en la primera escalinata de la estación. Luego se acercó y se dirigió a mi persona, estrechándome la mano:

—Quiero felicitarlo por la forma en que manejó esta incómoda situación. El maquinero ya me puso al tanto.

—Gracias, oficial. Los registré a todos, pero no encontré el arma.

—No importa, amigo. Le requiero el maletín del infortunado…por favor.

—Aquí lo tiene. Tal parece que son cartas oficiales.

— ¡Usted es un patriota! Puedo revelarle el contenido de las cartas. Ellas contienen los nombres de comerciantes y hacendados del oeste que conspiran en juntas clandestinas contra nuestro buen gobierno.

— ¡Lo sabía, teniente! ¡Sabía que fue obra de los separatistas!

—El señor Pratts cumplió bien su misión de proteger el contenido de las cartas hasta con su vida. Nuestro Gobernador Palacios hizo bien en enviar a Pratts como espía de nuestra causa.

—Ahora tenemos que atrapar al asesino para que pague ante la ley.

El joven teniente me sonrió y se dirigió a los pasajeros:

—Soy Arístides Peña, teniente primero del Regimiento Fijo de Vega Baja. Ordeno que todos los pasajeros regresen a sus asientos. En breve se reanuda el viaje. Así que todos regresen a sus lugares. Todos, menos ese negro—dirigiéndose al negro bien vestido.

Todas las miradas recayeron sobre el señalado. El teniente fue hasta su caballo y desenfundó un revólver de su baqueta. Ordenó a los otros negros que llevaran al negro bien vestido al pie del flamboyán. Apuntó con su pistola a ese pobre hombre que parecía no darse por aludido.

—Teniente, permítame decirle...

—No, señor alguacil. No se deje engañar. Le presento a Lázaro, el hijo de Marcos Xiorro. Marcos Xiorro fue un esclavo rebelde que planificó una de las conspiraciones de negros más grandes en el país. Gracias a Dios que nuestras autoridades insulares y con la pronta colaboración de varios ciudadanos pudieron detenerlo. Ahora nos enfrentamos a este, su peligroso y separatista engendro llamado Lázaro. Su padre lo bautizó el con el nombre de Lázaro, pero es un engaño. Realmente ese nombre representa a Eleguá, el mensajero africano que abre los caminos. Ahora su hijo quiere imitar al padre con la huella del bandidaje y el separatismo.

—Ese no es mi nombre, señor. Mi nombre es Pedro Calderón y Alonso.

— ¡Silencio maldito o te pego un tiro! ¡Al Componte con todos los enemigos de la patria!

Aquellas palabras del teniente me sonaron a sórdidas amenazas, no propias del rango y del uniforme que ostentaba. Estaba bebido. Aquel hombre negro merecía un juicio. Es más, creo que fue inocente del asesinato. Con movimientos torpes, el teniente apuraba la entrada de los pasajeros al tren. El seminarista lo felicitaba, pero él no le tuvo contemplación y le dio un aventón que por poco lo derriba. La muchacha desafió sus órdenes y se acercó al negro. Puso sus delicadas manos en su cara, lo besó en la boca y le dijo:

—¡Dios está con los hombres de buena voluntad, muchacho! ¡Fe y templanza!

El teniente la separó de mala manera del capturado y le ordenó que entrara al tren. El pitido metálico me obligaba a regresar para proseguir el viaje. Pude ver cuando el teniente continuaba apuntando con su arma al muchacho. Parecía insultarlo con palabras muy ofensivas y burlonas. Aún en las escalerillas del vagón, la muchacha se despedía del negro como si fuera su novia o su esposa. Le decía que no tardara, que lo esperaría hasta el final de los tiempos. El resto de los atribulados pasajeros se acomodaron en sus asientos y siguieron discutiendo sobre la suerte del pobre reparador de trapiches. La voz embriagada del oficial superaba los chirridos de la máquina a punto de arrancar. Acercó su arma a la cara del muchacho que ni siquiera pestañaba ante las amenazas.

—¡Al Componte con los separatistas! —

"Ipso facto", un calor quemó mi costado. El pitido del tren volvió a esconder el disparo. La muchacha me sonreía mientras me enseñaba sus bonitas piernas. El revólver Dellinger estaba sujetado a la liguilla de su media izquierda, a la altura de su muslo. Un segundo disparo me hirió el brazo derecho, el brazo con el que manejo mi arma. Traté de avisar al teniente, pero solo encontré el flamboyán majestuoso. Me abandoné a mí mismo para no arriesgar al resto de los pasajeros y enfrentarme a la asesina que llevaba ventaja y caminaba firme hacia mí. Ninguno de estos imbéciles se dio cuenta del peligro. Mi visión comenzó a fallar. Entonces sentí que unas manos fuertes me sujetaron y me subieron a uno de los últimos vagones. Fueron los dos negros. Cubrieron mi herida del costado con un trapo empapado en alcohol. Sentía que me moría sin prisa y sin remedio. Cuando abrí los ojos, miré hacia la puerta del vagón y tres figuras a caballo se perdían en el horizonte. Maldito impostor de uniforme. Me robó el maletín en mis propias narices y no pude hacer nada. Aquel rostro angelical disfrazaba a una hermosa asesina de traje florido. Y el negro que admiré... Lázaro, el hijo del cimarrón Marcos Xiorro. ¡Cobardes separatistas! ¡Me cogieron de pendejo!

—La muchacha, el teniente y el negro son... Dígale al maquinero que se detenga—le ordené a uno de ellos, casi desfalleciendo.
—Está herido, señor. Un doctor lo verá en Arecibo. ¡Aguante, coño! Ellos nos engañaron a todos—me respondió el otro muchacho negro con su voz agitada y con su enorme mano presionando mi herida.

Contrataque

(X)

Luego de muchos años, no sé cuántos exactamente, mi memoria me traiciona, reconocí al muchacho, al príncipe mandinka que viajaba en el barco negrero portugués. Nunca supe su nombre ni el linaje al que pertenecía. Había crecido. El látigo dejó muchas huellas en su alma, pero jamás aceptó las cadenas que trataron de imponerle.

Su figura, caballo y hombre como una sola pieza, se plantaba entre la falda de dos montañas y atrás la luna lo bañaba con su manto de luz. Su pecho desnudo. Su fusil en bandolera, sus manos sujetando las bridas con fuerza. Alrededor de él se agruparon otros armados, tanto nacidos en esta isla como los traídos de la Tierra Madre. También mujeres cimarronas, igual de temidas que los hombres.

Cuentan en el mercado que este "Marroon" es el terror de la isla, que ataca las haciendas y los ingenios, causando gran daño al bolsillo de los propietarios que viven desesperados ante su constante amenaza. Para colmo de males, aseguran que ha raptado a varias señoritas distinguidas. Luego que las seduce y desflora, las abandona en los caminos reales. Las muchachas sufren, cargadas de humillación y de otras cosas. Algunas de ellas han parido bastardos que sus padres ordenaron ocultar o desaparecer por la vergüenza. Pero no todos. Las criadas han salvado a varios de estos niños y niñas, regalando entre la negrada a esos inocentes que son el resultado de esa cruenta abominación, ese cruce forzado, prohibido por la ley de Dios y de los hombres.

Comete esos crímenes para vengar a la princesa de la tribu desconocida, la que asesinaron allá, en el barco negrero. Le dije que llegaría el momento para vengarse de los enemigos. El príncipe debe recordar mis palabras. Algunas señoritas distinguidas se levantan en las noches y gritan el nombre "Plimouth", envueltas en concupiscente y pecaminoso frenesí. Sus padres avergonzados se ven obligados a llamar a clérigos para que le expulsen algún demonio poseso que se quedó alojado en sus almas. Las plegarias y rezos no fueron suficientes para borrar esa tara ya infecta en sus pieles delicadas. Creo que el príncipe encontró la forma más dolorosa para su venganza. Los grandes señores han sorprendido a varias de sus hijas merodeando los cuarteles de los esclavos.

Siguaraya
Cuba
(1868-1895)

"Esa mata nace en el monte,
Esa mata tiene poder,
Esa mata es...Siguaraya".
Siguaraya

Lino Frías,
Interpreta Benny Moré

—Caballeros. En esta relojería, que es también la suya, podemos encontrar reliquias que contienen las historias fundadoras de este país, como los nombres de grandes santiagueros que lucharon en las tres guerras.

—Ay, Don Damián, deje la ñenga.

—Déjenme continuar, caballeros, déjenme continuar. Tengo piezas que pertenecieron a nuestros hombres ilustres. Hay relojes, brazaletes, espadas, pendientes. De todo como en botica.

—Yo soy padrino ñáñigo y también luché en las tres guerras.

—Lo sabemos, don Ramiro. Usted es un hombre de respeto, un hombre hecho. Observen este reloj de oro. Es del estilo para bolsillo. Perteneció al Coronel Rogelio Arismendi, uno de los gladiadores que luchó por restablecer el orden y la paz en la colonia.

—Don Damián, los gigantes, los bravos de a verdad salieron de la manigua cubana. Ahí sí que había gente brava.

—Mire, don Ramiro, no discuto los hechos, pero debimos reanudar conversaciones con España. Hubo santiagueros que también se sacrificaron y perdieron negocios, tierras y haciendas en esas tres guerras que nos jodieron a todos.

—Nada de eso puede comprar el valor y determinación que tuvo una mujer, doña

Mariana Grajales quien sacrificó a sus hijos en el altar de la patria. Por eso todos la seguimos…

Toda mi familia estaba resuelta desde las reuniones en la Logia Oriente. Me adentré con mis hijas en la manigua para asistir a tantos hijos heridos por las balas de los fusiles y las bayonetas. Nos ofrecimos como enfermeras en los hospitales de sangre. Había que curar a tantos soldados que tenían una deuda con la patria: quitarles el fusil a los enemigos y con el mismo fusil mandarlos al mismo carajo. Muchos de esos muchachos eran tan jóvenes como eran mis hijos que ya se alistaban para luchar por la independencia de la patria. En el altar de nuestro hogar, les hice jurar a todos que lucharíamos contra la tiranía española hasta lograr la libertad y ofrendar nuestras vidas, si es preciso, por nuestra Cuba cautiva. Una vez me trajeron a un herido. Era mi propio hijo, Antonio. Las mujeres comenzaron a llorar. Le dije: ¡Fuera, faldas, fuera! ¡No aguanto lágrimas! Entonces atendí al soldado cuya herida de bala le atravesó el pecho. Luego de detener la hemorragia, le dije a mi otro hijo menor que se empinara y que se fuera al campamento, que allá necesitaban a un soldado. Siempre les recordaba el valor de la libertad con aquella canción de cuna:

"Si nace libre la hormiga,
la bibijagua y el grillo,
sin cuestiones de bolsillo
ni español que los persiga
a ir a la escribanía
a comprar su libertad
y yo, con mi dignidad
¿no seré libre algún día? "

—Don Damián, parece que el negro le puso la tapa al pomo.

—Es que nadie discute eso. Pero el Coronel Arismendi, de aquí, de Santiago, no se amilanó ante los rebeldes en las tres guerras. El coronel también era cojonudo y no le huyó al machete de los mambises...

—Porque la providencia no lo dejó que se cruzara con Quintín Banderas.

— ¿Con quién? No jeringue. Ahora me van a mencionar la lista de todos los negros iletrados que pelearon por un plato de tasajo...

Apéndice I

Archivo histórico de La Ciudad de Santiago de Cuba

(Sobre la entrevista entre el general español Arsenio Martínez Campos y el general cubano Antonio Maceo Grajales el 15 de marzo de 1878 en Baraguá)

—Le adelanto, general, que no estamos de acuerdo con ese pacto firmado, ya que con él mismo no se logra la independencia de Cuba, ni la abolición de la esclavitud, reclamos que son innegociables para nuestro pueblo.

Martínez Campos replicó:

—Pero es que ustedes no conocen las bases del convenio de Zanjón.

Sí—interrumpió Maceo—y porque las conocemos es que no estamos de acuerdo.

Martínez Campos trató de leer el documento, pero Maceo no se lo permitió al responderle con firmeza:

—Guarde usted ese documento, que no queremos saber de él.

—Entonces ¿no nos entendemos?

—No, general, no nos entendemos.

Apéndice 2

(Testimonio oral del soldado mambí, cabo del regimiento de caballería en Camagüey, Eveligio Campos y Tavares, a corresponsales de Prensa Internacional)

—Así fueron las batallas contra los enemigos de la patria. Los gallegos corrían ante la caballería mambí. Soltaban sus fusiles para zafarse del machete que se afilaba con el sudor de los puños de mi gente. Coño, así cualquiera. ¿A que no se plantaron y demostraron que tenían cojones de verdad? Valeriano Weyler le tenía miedo a Maceo. Así mismo, caballero. Tenían mejores armas y más soldados, pero evitaban enfrentarse a nuestro lugarteniente general. Las tropas peninsulares entran a las provincias y, por orden de Weyler, masacran a los civiles aliados a la revolución. Conocí a unos hermanos guaretos que nacieron en la manigua y que tenían como queridas a las hijas de un Coronel. Pero los peninsulares han reconcentrado a la gente y esos muchachos están como el mismo diablo, locos y jodidos porque no encuentran a sus queridas. Nosotros le respondemos, rajándole la madre a sus oficiales y batiéndolos, como dijo una vez Maceo: "¡Qué cáscara de jícara!". Jejeje.

— ¿Usted estuvo presente cuando cayeron José Martí y el General Maceo?

—Coño. Lloramos mucho cuando nos llegaron noticias de que nos quitaron a Martí. Cuando Maceo cayó fue peor. Esa emboscada se dio por un descuido, caballero. Parece que el trompeta se durmió o se vendió. La moral se nos fue al carajo. Con tragos de agua ardiente, seguimos combatiendo y tumbando cuellos. De Puerto Rico y Haití nos llegaron refuerzos, hermanos que también querían la libertad para mi gente. Tuvimos hermanos bravos, como los hermanos Marín de Puerto Rico, que lucharon por esta tierra como si fuera la suya. Uno de esos mulatos borincanos, Francisco Pechín, era hasta poeta. ¡Coño! Y murió en la manigua con el fusil en la mano.

(Final de la entrevista)

—Don Ramiro, lo mejor fue conseguir un gobierno autónomo que…

— ¿Para qué carajos? ¿Para seguir como esclavos y lacayos de los españoles?

—Bueno, compadre…

—No soy su compadre. Hable verdad. Usted sabe que los derrotamos muchas veces, hasta con cañones de cuero, caballero. Weyler no sabía qué hacer para detener a nuestro ejército. Las muertes de Maceo y de Martí fueron la mecha para darles más duro a esos hijos de perra.

— ¿Y qué ganaron? Que los yanquis metieran el pico en la isla. Los yanquis son peores que España.

— ¡Usted sabe que nos quedaremos con el pescuezo y con la vida de quienes traten de quitarnos esta tierra! Pero todavía hay gente que no se ha quitado el carimbo y no me refiero a mis abuelos esclavos. ¡Cuba Libre!

—No se vaya, compadre. Ven. Es que aquí no se puede hablar ni de política ni de religión ni de historia. ¡Je! A propósito, los yanquis se van y dejan un gobierno provisional.

—Ah. Mire, acere. No hable ñenga. Aquí está el reloj que perteneció al coronel Arismendi. Uno de los muchachos que nació en la manigua se lo quitó después que lo jodió en un duelo. Esos muchachos, los guaretos, son mis hijos: Vicente y Rubén. Pero fue Vicente, Vicente le dio bola negra a su coronel. Mi mujer duerme contenta. Sabe que parió a dos héroes cubanos. ¿Y la suya?

El onceavo mandamiento
Puerto Rico
(1867-1998)

—¿En que se emplea usted?
—En trabajos útiles.
—¿A qué cuerpo pertenece?
—Al de un cacique.
—Dígame su nombre.
—Agüeibaná el Bravo.

Ada Suárez Díaz
"El Antillano"

Con el paso de los años caminas desafiante ante los piropos irrespetuosos de los mozos ignorantes que no honran tus canas, tus arrugas, tu mirada casi centenaria. Pero tu paso es firme, voluntarioso. Te detienes. Miras a los irrespetuosos, petrificándolos con tu carácter, tu censura canga, yoruba y mandinga. El artista plasmó muy bien tu espíritu. Logró una perspectiva única en el juego de luz y sombra. Tus contornos son sublimes. Con ademanes de matriarca invencible eres presentada. Tu rostro es pura realeza. En tus caderas palpita el latir de toda una descendencia.

Caminas frente al Cabildo de San Sebastián. Allí te detienes ante aquella proclama desafiante que ya se regaba por todos los rincones de la isla y que lee:

1. *Abolición de la esclavitud*
2. *Derecho a votar todos los impuestos*
3. *Libertad de culto*
4. *Libertad de palabra*
5. *Libertad de imprenta*
6. *Libertad de comercio*
7. *Derecho de reunión*
8. *Derecho de poseer armas*
9. *Inviolabilidad del ciudadano*
10. *Derecho d elegir nuestras autoridades*

Relees la proclama. No muchos sabían que podías leer y escribir. Te das cuenta que falta un mandamiento. "El Velorio" de Oller está al otro lado de la galería. Eres un relámpago femenino, yuxtapuesto al relámpago que representa aquel pordiosero negro, único mensajero de conciencia en medio de la bacanal que representa nuestra vida colectiva. Tomas un pedazo de carbón, levantas la mano temblorosamente decidida y firme. Escribes, provocando el asombro de todos, despertando las risas ridículas de las señoronas cívicas que no logran superarte en civismo, incitando la ira de aquellos títeres uniformados que corren hacia ti para arrestarte.

La galería está por cerrar. Las luces se apagan, pero tu acto fulgura sobre los "Bodegones", sobre la denuncia de Oller, sobre las inmensas tinieblas que arropan nuestro espíritu de pueblo; y sin embargo es un espíritu que resiste con una entereza épica, casi sin notarlo. El último mandamiento que añadiste permanece allí, dentro del cuadro de Samuel Lind, como una promesa o reclamo en la alborada de este nuevo siglo:

11. Prohibido olvidar

Una gema hallada entre siglos de hojarasca

Atada a mi cintura
Puerto Rico
(1865)

"La lluvia moja las manchas del leopardo, pero no se las quita".

Proverbio akán.

—Negra. ¿Para dónde va tan de prisa, mija, como si la persiguiera el diablo?

— ¡Voy a reclamar mi libertad!

— ¿No será usted una de esas negras que tiran pal monte? ¿De dónde viene?

—De Guayanilla y voy pa Ponce. ¡Me van a escuchar!

— ¿Quiénes?

—El síndico y el juez de Ponce. Voy a gritar que soy libre y me van a escuchar.

— ¿Y usted cree que va a llegar hasta allá? Está lejos. Usted tiene que estar loca, mija.

—No soy loca. Nací esclava, pero me vendieron con carta de libertad. Viajé con esa nueva ama a países donde no hay esclavitud. Por acompañar a mi ama a esos viajes, la ley dice que ella debió darme mi libertad, pero no. Me vendió a un amo malo, don Celedonio. Ese hombre me maltrató y me obligó a la mancebía, pero me negué. Entonces me vendió a otro amo. ¡Pero ahora tengo mi reclamo y ellos me van a escuchar!

—La llevaría pa acercarla en esta carreta, pero no sé si usted está fugá. No quiero problemas con mis amos.

—Gracias, pero no se lo pedí. Tengo mis piernas y sigo por el camino. Si usted trabaja como sirviente carretero, siga su camino.

— ¡Aja! Eres cimarrona. Se sabe en la forma en me hablas, mujer.

—Y sí. Me fugué de esa casa de tanto maltrato. Mi cadena... mi cadena la llevo atada a mi cintura. Y si me agarran o me venden, me volveré a fugar. Jurao.

—Ah. Pues vaya con Dios, mija. Yo sigo que tengo que llevar este café a la plaza. Antes que se me olvide ¿Cómo se llama usted?

— ¡Juana! ¡Juana Agripina y soy mujer libre!

CARTA DE VIAJE
(Biografía)

Carta de Viaje
Carlos Manuel Rivera Rosado

Foto: Clothimar Luciano Soto

Nace en Arecibo en 1965. Ha trabajado como profesor en la Universidad Interamericana, Recinto de Arecibo y en la Universidad de Puerto Rico, Recintos de Arecibo y Utuado. Completa su grado doctoral en el 2018 con especialidad en Literatura Puertorriqueña y del Caribe. Ha publicado trabajos de narrativa breve en las revistas digitales *Letras Salvajes, Trapecio y Minificciones*. Su microrelato "El peso de la pluma" fue seleccionado para lectura en el "Décimo Campeonato Nacional del Cuento Corto Oral," auspiciado por La Universidad del Sagrado Corazón en el 2015. Publica su primer libro de microrelatos Colt 45 (fractales), bajo el sello editorial Palabra Pórtico Editores en el 2015. Sus microcuentos "Calendarios medulares" y "Parte policial: Matricidio" figuran en la Antología del "Primer Certamen Nacional de Microcuentos Isabel Freire de Matos" en el 2016. Su pieza teatral: *El hotel de los adioses* se presentó en el Sexto Festival de Teatro Al Fresco en el 2019.

Cocobalé

Danza de Guerra

Índice

Nota del autor/5
Caribe Continental/11

I. Relato del griott Belen-Tigi/**13**
¨(F)ugido¨/**16**
Mati/**21**
Curduvaré del Rey Miguel/**28**
Benkos Biojó/**32**
Instrucción abierta contra Esclavos Cimarrones/**36**
Antón/**40**
Catalina y Bayano/**46**
Nyanga/**49**
II. Desarraigo/**54**

Caribe de las Islas/60

KantiKanan di Makamba/**62**
Sangre azul/**70**

III. Sustento/**82**
Me llaman Zabeth, pero ese no es mi
nombre/**89**
Cangrejos/**96**
Ti Marie, Adelaila y el Coyote /**106**

IV. Travesía/**115**
La tambora encantada/**119**
Anancy/**127**
V. Memoria en el destierro/**134**
La pantera de Jacmel/**137**
VI. Canción de lágrimas por la Patria/**142**
Monte adentro/**144**
VII. Los mensajeros que regresan/**148**
Xiorro y Concepción/**151**
Marriet o las marcas de identidad/**158**
VIII. Vigilia/**161**
Latigazos fallidos en el año del jubileo/163
IX. Plantaje/**164**
Las manos/**167**
Año terrible/**168**
X. Contrataque/**179**
Siguaraya/**181**
El onceavo mandamiento/**189**
*Una gema hallada entre siglos de
hojarasca/192*
Atada a mi cintura/**193**

Carta de Viaje (Biografía)/**197**
Índice/198